Jörg-Peter Schröder

Selbstmanagement

Für Julius-Philip, der am liebsten ganz große Sprünge macht.

„*Es ist nicht gesagt, dass es besser wird, wenn es anders wird, wenn es aber besser werden soll, muss es anders werden.*"

GEORG CHRISTOPH LICHTENBERG
(DEUTSCHER PHYSIKER UND PHILOSOPH)

Hinweise:

Die Namen beteiligter Personen sind verändert beziehungsweise frei erfunden. Eine Übereinstimmung mit lebenden Personen wäre zufällig und ist nicht beabsichtigt.

Aus Gründen der Praktikabilität wird die männliche Version von Begriffen benutzt – Frauen sollen sich nicht benachteiligt fühlen. Zum Beispiel ist mit dem *Ingenieur* ebenfalls die *Ingenieurin* gemeint.

Der Text ist transformativ geschrieben. Alle Kapitel dieses Buches sind miteinander inhaltlich verwoben und lassen sich sowohl in horizontaler, vertikaler als auch diagonaler Richtung lesen.

Das vorliegende Buch ist sehr sorgfältig recherchiert und erarbeitet worden. Dennoch erfolgen alle Angaben ohne Gewähr. Weder Autor noch Verlag können für eventuelle Nachteile oder Schäden, die aus den im Buch gemachten praktischen Hinweisen oder Übungen resultieren, eine Haftung übernehmen.

Jörg-Peter Schröder

Selbst-
management

Wie persönliche Veränderungen wirklich gelingen

Bibliografische Information Der Deutschen Bibliothek

Die Deutsche Bibliothek verzeichnet diese Publikation in der Deutschen Nationalbibliografie; detaillierte bibliografische Angaben sind im Internet über http://dnb.ddb.de abrufbar.

ISBN 978-3-89749-550-0

2. Auflage 2008

Lektorat: Susanne von Ahn, Hasloh
Umschlaggestaltung: +malsy Kommunikation und Gestaltung, Bremen
Umschlagfoto: getty images, münchen
Illustrationen, Satz und Layout: Lohse Design, Büttelborn
Druck und Bindung: Salzland Druck, Staßfurt

© 2005 GABAL Verlag GmbH, Offenbach

Alle Rechte vorbehalten. Vervielfältigung, auch auszugsweise, nur mit schriftlicher Genehmigung des Verlages.

Abonnieren Sie unseren Newsletter unter:
www.gabal-verlag.de

Inhaltsverzeichnis

Vorwort 7

Zu Risiken und Nebenwirkungen des Buches. 10

Schritt 1:
Orientierung – vom Kern zur Kompetenz 13
Determinanten der Weiterentwicklung 16
Die Revision der Einstellung
    und des Glaubenssystems 23
Grenzenlose Kreativität
    im Möglichkeitsspiel(t)raum 31
Ultimative Wake-up-Calls – wenn der Körper
    die rote Karte zeigt 40
Der rote (Lebens-)Faden 47
Auf den Punkt gebracht 54

Schritt 2:
Hindernisse – Hürden erkennen und überwinden 55
Die Energiebilanz 56
Die Macht der Muster, Gepflogenheiten
    und Gewohnheiten 64
Der Kontakt zur psychischen Unterwelt 68
Die Gefahr der Versuchung und die Kunst,
    Nein zu sagen 74
Probleme und Konflikte als Spiel- und
    Lernfelder des Lebens 76
Auf den Punkt gebracht 78

Schritt 3:
Self-Empowerment – Handbremse lösen
und in Aktion kommen 79
Die Schaltkreise im Kopf neu programmieren 82

Inhalt

Den optimalen Rahmen
   und die richtige Nische finden 86
Auf den Punkt gebracht 89

Schritt 4:
Das tägliche Inspirations- und Praxis-Programm
(TIPP) für 9½ Wochen 90
  Die 1. Woche: Von der Kernkompetenz zum Ziel 92
  Die 2. Woche: Umschalten auf Jetzt-Zeit 96
  Die 3. Woche: Kleine Schritte zur
    Weiterentwicklung 100
  Die 4. Woche: Personal Change –
    eigene Muster umprogrammieren 101
  Die 5. Woche: Das Konzept der
    Transformationsspiralen 105
  Die 6. Woche: Transformation
    durch Frequenzwechsel 111
  Die 7. Woche: Commitment und
    Zielvereinbarung 122
  Die 8. Woche: Projektmanagement 126
  Die 9. Woche: Loslassen 133
  Die 9½. Woche: Das Update zum
    Lebensprogramm 136
  Auf den Punkt gebracht 138

Schritt 5:
Ziellinie – das Erreichte festigen 139
  Das Wollen und das Tun 139
  Das Zwei-Flügel-Prinzip
    Ihrer Work-Life-Balance 142
  Was ist das Leben? 143
  Auf den Punkt gebracht 144

Kontakt 145
Über den Autor 146
Weiterführende Literatur 147
Stichwortverzeichnis 149

Vorwort

„*Machen Sie Ihr eigenes Wiederentdecken
zur ersten Priorität in Ihrem Leben.*"

Robin Norwood
(US-amerikanische Familientherapeutin)

Gehören auch Sie vielleicht zur Gruppe der Couch-Triathleten, die in den Disziplinen Fernsehen, Chips und Wein bereits die Meisterklasse erreicht haben und sich immer wieder an Silvester vornehmen, daran etwas zu ändern? Oder haben Sie sich schon zigmal vorgenommen, endlich Ihren Job zu kündigen, weil er Ihnen keinen Spaß mehr macht – es aber noch nicht getan? Unliebsame Gewohnheiten und Verhaltensweisen lassen sich nicht einfach so ändern. Jahrzehntelang antrainiert, sind sie tief verwurzelt und an Emotionen und Erfahrungen gekoppelt. Das Tückische daran: Emotionale Reaktionen, die aufgrund früherer Erfahrungen automatisch ablaufen, haben oft mit dem ursprünglichen Sinn nichts mehr zu tun. Die Sinne reagieren also nicht immer *sinnvoll*. Im Gegenteil – manchmal verhalten sie sich wie Diktatoren unserer Entscheidungen.

Sich selbst zu verändern ist ein hartes Brot, sagen die einen. Du musst durchhalten, sagen die anderen. Beiß die Zähne zusammen, sagen wieder andere. Doch je härter es wird, desto weniger Aussicht besteht auf wirkliche Veränderung. Auf der anderen Seite zeigen die vielen tausend chronisch kranken Diabetiker und Asthmatiker, die wir in Gesundheitsmanagementprogrammen und wissenschaftlichen Untersuchungen betreut und begleitet haben, dass sich Verhalten langfristig

Die Medizin zeigt: Veränderungen sind möglich

ändern lässt. Diese Erfahrung ist gut auf Menschen in Umbruchsituationen übertragbar.

Es gibt kaum etwas Schöneres als das Gefühl, sein Leben mit den eigenen Zielen und diese Ziele mit den eigenen Talenten und Fähigkeiten in Einklang zu bringen. Jeder trägt den Schlüssel dazu in sich. Doch nur sehr wenige machen das, was sie wirklich wollen. Viele führen ein Leben mit angezogener Handbremse, leben die eigenen Potenziale nicht aus, sondern lassen sie eher verkümmern. Mehr noch: Anstatt der eigenen kreativen Energie freien Lauf zu lassen, bringen sie noch Kraft auf, um diese zu drosseln. Doch der Druck im Kessel erhöht sich.

Haben Sie Ihr Leben im Griff oder haben die Umstände Sie im Griff? Sie haben ein Recht darauf, glücklich zu sein und das zu machen, was Ihnen entspricht. (Die Amerikaner haben diesen Anspruch auf Glück sogar in ihre Verfassung geschrieben.) Sie haben aber auch die Pflicht, aktiv etwas dafür zu tun. Auf der Baustelle „Ich" kann viel getan werden – wenn Sie es wirklich wollen und anpacken. Unsere Persönlichkeit und unser Charakter werden in einem hochkomplexen Zusammenspiel von Genetik und Umwelt erzeugt. Die Prägung der individuellen Persönlichkeit und deren Entwicklung im Laufe des Lebens lassen sich nicht hinreichend durch linear-analytische Ursache-Wirkungs-Zusammenhänge erklären. Persönlichkeit kann auch im höheren Alter verändert werden.

Sich *fair* ändern Doch wie lassen sich Lebensprogramme ändern? Wie unliebsame Gewohnheiten und Überzeugungen infrage stellen und Wege erarbeiten, dem Sog alter Muster zu widerstehen? Hier setzt dieses Buch an. Gemeinsam werden wir herausfinden, was wirklich zählt, wenn Sie sich erfolgreich *fair ändern* wollen. Sie werden sich genauer kennen lernen – Ihre Talente, Potenziale und auch Ihre Schwächen. Mit einer für

Sie maßgeschneiderten Strategie für die persönliche Weiterentwicklung können Sie sich dann auf den Weg machen. Das bedeutet kein hektisches Treten auf der Stelle, keine Trippelschrittchen zur effizienten Optimierung des bisher Getanen. Es geht vielmehr um Riesenentwicklungssprünge im Möglichkeitsspiel(t)raum hin zum persönlichen Erfolg. Dieses Buch will helfen, Ihre Sprungchancen in die Veränderung zu erhöhen. Springen müssen Sie selbst.

Die Sprünge in unserem Leben sind abhängig vom Lebensalter und von der Lebensphase – sowohl quantitativ als auch qualitativ. Manchmal hüpfen wir auf der Stelle, manchmal machen wir einen Riesensatz. Unser Leben selbst begann mit dem Ur-Sprung; schon hier war ein Wandel spürbar – ein echter Paradigmenwechsel –, raus aus dem dunklen, engen und beschützenden Mutterleib – rein in das helle, weite, selbst verantwortete Leben. Jetzt stehen Sie möglicherweise abermals an einem Wendepunkt in Ihrem Leben – und wollen wieder „raus aus der zu klein und eng gewordenen, vielleicht sogar dunklen Welt". Mit diagnostischen Fragen möchte ich Ihnen Denk- und Handlungsanstöße für Ihren Weiterentwicklungsprozess geben. Bei allen Herausforderungen geht es dabei mehr um Reflexion als um Rezepte.

Große Sprünge wagen

Ich wünsche Ihnen, dass Sie Ihr Leben in den Griff bekommen, Ihre Talente und Potenziale auf einer Spitzenfrequenz leben, voll in die eigene Kraft und Verantwortung gelangen und anstehende Veränderungen mit Leichtigkeit und Schwung meistern können, damit Sie werden, der Sie sind. Damit Sie leben, wie Sie es wirklich wollen.

Dr. Jörg-Peter Schröder

Budenheim, im Oktober 2005

Zu Risiken und Nebenwirkungen des Buches

„Ich schließe meine Augen, um zu sehen."

PAUL GAUGUIN (FRANZÖSISCHER MALER)

In Ihren Genen können Sie lesen, welche Potenziale und Talente das Leben theoretisch für Sie bereithält. In Intelligenz- und Persönlichkeitstests können Sie (vermeintlich) lesen, wie stark diese Potenziale und Talente ausgeprägt sind. In diesem Buch können Sie lesen, wie Sie es schaffen, Ihre genetische Ausstattung und Ihre Potenziale mit authentischem Leben zu füllen.

Kleine Leseanleitung An dieser Stelle erlaube ich mir eine kleine Leseanleitung zu geben. Lesen Sie den Text über die Risiken und Nebenwirkungen des Buches aus Gründen der Ganzheitlichkeit (einfach) zweimal. Einmal mit *offenen* und danach noch einmal mit *geschlossenen* Augen. Beim ersten Lesen sind Verstand und Logik (linke Hirnhälfte) gefragt. Beim zweiten Lesevorgang melden sich Intuition und viszerale Intelligenz – das Bauchgefühl (rechte Hirnhälfte). Beide zusammen werden Ihnen helfen, Ihrem Leben auf die Spur zu kommen und für die Zukunft Ihr Lebensdrehbuch zu schreiben.

Viele haben schon so viel „Hornhaut" auf den Augen, dass die Sicht getrübt und der Blickwinkel eingeschränkt ist. Ein neues Paar Augen ist schwer zu besorgen, aber ich möchte Ihnen neue Perspektiven und kreative Möglichkeiten für Ihre

Weiterentwicklung in Aussicht stellen. Es geht nicht um das Verbinden wunder Seelen – dafür gibt es Therapeuten –, sondern um persönliches und berufliches Wachstum.

Das Berufsleben ist eine ideale Bühne für unsere Selbstentwicklung und kann zum Spiel(t)raum unserer Potenziale werden. Daher liegt der Fokus auf beruflichem Wachstum. Sie bekommen die Möglichkeit, Ihre mentale Landkarte neu zu entwerfen und sich getrost von alten Vorstellungen zu verabschieden. Hierzu spielen Sie ein Update der mentalen Lebenslandkarte auf. Ihr neues Lebensprogramm kann Ihnen den Weg zur Weiterentwicklung weisen. Da Energie stets fließen sollte, sind die Inhalte des Buches nicht streng hierarchisch gegliedert, sondern hochgradig miteinander verwoben, interaktiv vernetzt. Jede Veränderung auf einer bestimmten Ebene Ihres Lebens hat automatisch Auswirkungen auf einer anderen Ebene. Sie sind daher frei, dort mit Änderungen zu beginnen, wo es Ihnen gefällt. Und das zuerst zu lesen, was Ihnen zusagt.

Fokus: berufliches Wachstum

Achtung: Sie verlassen bekanntes Gebiet und damit Ihre Wohlfühlzone – das Weiterlesen erfolgt auf eigene Gefahr. Sie werden Ihre Grenzen kennen lernen und diese – wenn Sie wollen – versetzen oder überspringen. Eines sei schon jetzt gesagt: Wenn Sie sich ändern und weiterentwickeln wollen, müssen Sie die Welt ändern, die Sie selbst geschaffen haben. Der Weg dahin ist erst noch zu entdecken. Und: Sie müssen ihn allein gehen. Aber keine Angst, es soll leicht sein. Ich möchte Sie ermutigen, den Absprung aus Ihrem bisherigen Leben zu wagen – springen dürfen Sie selbst.

Achtung: Ende der Wohlfühlzone

Dieses Buch ist keine leicht verdauliche Wissenskonserve. Es ist auch kein Berieselungsprogramm. Die Welt des Allgemeingültigen werde ich bewusst verlassen und Sie in Schwingung versetzen, um in die Möglichkeitsdimension vorzudringen. Es geht nicht darum, dass Sie den Inhalt verstehen, nicken und sagen: „Ja, Jörg-Peter Schröder hat Recht", sondern darum, dass Sie für sich das umsetzen, was Sie lesen. Und dies geschieht durch Taten! Daher habe ich Übungen für Sie ausgearbeitet, die Sie an die praktische Umsetzung des Gelesenen heranführen sollen.

Zu Risiken und Nebenwirkungen brauchen Sie weder Ihren Arzt noch Ihren Apotheker zu fragen. Das Risiko ist, Gewohntes ganz bewusst infrage zu stellen. Als Nebenwirkung könnte auftreten, dass Sie plötzlich größer denken und dadurch Dinge anders einordnen. Ich werde Sie begleiten, wenn Sie altgewohntes Terrain und eingefahrene Strecken verlassen und neuen Möglichkeits(t)raum betreten.

Das TIPP   Hierzu habe ich für Sie ein **T**ägliches **I**nspirations- und **P**raxis-**P**rogramm (TIPP) für $9\,^1/_2$ Wochen entwickelt, das Ihnen bei der Umsetzung persönlicher Veränderungen helfen soll. Vielleicht tragen Sie in einem Tagebuch – Ihrem *Change-Notebook* – alle Entwicklungsschritte ein. So haben Sie eine Dokumentation Ihrer Veränderung, können Ihre Ziele klären und Ihrer Kreativität freien Lauf lassen. Kaufen Sie sich hierzu ein schönes, Sie emotional ansprechendes Notizbuch, in dem Sie die wichtigsten Punkte aufschreiben. Dabei ergibt sich vermutlich der eine oder andere Aha-Effekt. $9\,^1/_2$ Wochen begleite ich Sie, anschließend dürfen Sie allein weitergehen. Keine Angst – you can leave your hat on.

Los geht's.

Schritt 1: Orientierung – vom Kern zur Kompetenz

„Ich träume davon, dass alle Menschen für sich etwas finden können, das sie mit der gleichen Leidenschaft erfüllt, die mich durchströmt, sobald ich ein Klavier berühre."

LANG LANG (CHINESISCHER PIANIST)

Viele Trainer und Berater wollen uns glauben machen, dass wir lediglich ein Ziel brauchen, um uns oder das Unternehmen, in dem wir arbeiten, verändern zu können. Wieso sind wir dann nicht alle schon da, wohin wir wollen, wenn es doch nur um das Ziel geht?

Um dieses Ziel zu erreichen, wird der *SMART* vorgefahren (*s*pezifisch, *m*essbar, *a*ktiv, *r*ealistisch, *t*ime-bound/zeitbezogen) – ein Instrument zur Effizienzsteigerung. Es werden klare Ziele mit Meilensteinen aufgestellt – die jedoch nur sehr selten erreicht werden. Warum? Was steht dem im Weg, dass Sie immer noch nicht da sind, wohin Sie eigentlich wollen? Ich halte persönlich nichts von SMART bei Veränderungsprozessen. Um nicht missverstanden zu werden: SMART ist ein hervorragendes Instrument im Projektmanagement und bestens für das Meilenstein-Controlling geeignet. Aber wirkliche Veränderungen im Lebensprogramm lassen sich eben nicht effizient managen – sie müssen gestaltet werden.

SMART

Im Coaching sind mir Menschen begegnet, die nach außen den „starken Max" spielen, sich in Wirklichkeit aber ganz schwach und ausgelaugt fühlen. Ein Klient sagte mir, er komme sich vor, als führe er völlig übermüdet ein Auto mit zu hoher Geschwindigkeit durch den Nebel, bei dem die Benzinanzeige schon lange im Reservebereich blinkt und die Reifen total abgefahren sind – aber obwohl er den Weg gar nicht kennt, macht er nur eines: Gas geben.

Nach mehr als 15 Jahren Tätigkeit in der „Lebenspraxis" glaube ich nicht mehr, dass der rational-analytische Weg allein wirklich langfristige und nachhaltige Veränderungen generiert. Wenn das Ziel nicht im Einklang mit den wirklichen Wünschen und Bedürfnissen ist, besteht die Gefahr, dass die angestrebte Veränderung sich nicht dauerhaft einstellt.

Ich möchte Sie unterstützen, zum Regisseur des eigenen Lebensfilms zu werden, in dem Sie die Hauptrolle spielen. Sie schreiben das Drehbuch für Ihr Leben so, wie Sie es wollen. Jenseits der medial inszenierten Vorbild-Illusionen ist das Leben kein Nachleben. Unsere Aufgabe ist es, den roten Faden wieder aufzunehmen, den wir durch die Reizüberflutung konditionierter Erziehungsmuster und rationaler Kopfverrenkungen aus den Augen verloren haben.

Richtig sehen lernen Unsere Gedanken können in 1001 Richtung auswandern und wir können uns immer wieder für neue Dinge begeistern. Im Alltagsstrudel ist uns ein klares Sehen des Wesentlichen jedoch kaum möglich. Wir sind nicht in der Lage, die Komplexität, die uns umgibt, zu reduzieren, wohl aber, uns Orientierung zu verschaffen. Der aufgewühlte Sand im Meer des Alltags muss sich erst einmal setzen, damit wir durch das klare Wasser hindurchschauen können und sehen, was ist. Das Sehen beginnt damit, dass wir die Augen öffnen. Klar zu sehen bedeutet aber mehr, als nur mit den Augen zu schauen.

Wir müssen auch mit dem Herzen und den Augen der Weisheit sehen, um die tiefe Wirklichkeit zu erfahren. Wir müssen aus einer gewissen Distanz hinsehen, um „objektiver" beurteilen zu können und zu einem tieferen Verständnis zu gelangen.

Unser *Kern* macht es möglich, dass wir uns auf die uns gemäßen, wirklich wichtigen Dinge konzentrieren und fokussieren. Unser Kern – das wirkliche Selbst – ist das Fundament unseres Seins. Auf diese Steine können Sie bauen. Wenn wir vom inneren *Kern* her unsere *Kompetenzen* entfalten, sind dies unsere individuellen *Kern-Kompetenzen*. Sie weisen uns den Weg zum persönlichen Erfolg. Um unseren Kern zu finden, müssen wir an- und innehalten. Innenbetrachtung ist wichtiger als Außenschau. Viele achten nur darauf, was im Außen vor sich geht oder erwartet wird – und richten sich danach –, anstatt sich an den eigenen inneren Bedürfnissen, Kompetenzen und Potenzialen zu orientieren.

Den inneren Kern finden

Durch den Einfluss der Außenwelt und die erfahrene Fremdbestimmung haben wir es verlernt, auf unseren Kern zu schauen. In Unternehmen erlebe ich zunehmend Menschen, die sich innerlich leer fühlen. Ihnen ist der Bezug zu ihrem inneren Kern abhanden gekommen. So rennen sie in eine Richtung und machen alles immer schneller, ohne darüber nachzudenken, ob die Richtung überhaupt (noch) stimmt – ob sie sich nicht vielleicht schon längst im Kreis drehen.

Ich vergleiche das mit dem Karussell-Effekt: Jeder, der schon einmal auf einem Karussell gestanden hat, kennt die Wirkung der Fliehkraft. Dieses physikalische Phänomen gilt auch für unser Inneres. Außen ist die Fliehkraft am größten. Je stärker die Rotation und je größer damit die Entfernung zu unserem inneren Kern wird, desto weniger Anbindung haben wir an unser Selbst. Wenn wir es schaffen, eine Brücke zum inneren Kern zu schlagen, anstatt nur im Außen zu drehen, haben wir

Der Karussel-Effekt

wieder eine gute Verbindung mit uns selbst – und damit den Zugang zu unseren Potenzialen und Talenten. Diese uns verloren gegangene Zuwendung zur Mitte und Verbindung zum eigenen Kern, die das Innere so leer anfühlen lässt, ist die Lösung. Je näher wir unserer Mitte kommen, desto leichter können wir Veränderungen umsetzen.

Wir dürfen unserem Kern vertrauen und dem Innenleben mehr Raum geben. Der Schlüssel zu unserem Kern liegt in uns selbst.

Determinanten der Weiterentwicklung

„Manchmal erkennen wir, dass das, was wir gerade wie wahnsinnig woanders suchen, das Pferd sein könnte, das wir schon die ganze Zeit geritten haben."

HARVEY COX (US-AMERIKANISCHER THEOLOGE)

Lehnen Sie sich zurück und überdenken Sie Ihr bisheriges Leben und Ihre wichtigsten Wertvorstellungen. Was können Sie persönlich ändern?
- Gewohnheiten,
- Überzeugungen,
- Werte,
- Ziele,
- Denkmuster,
- Verhaltensweisen,
- den Blickwinkel,
- die eigene Lebensvision,
- die innere Einstellung,
- die eigene Mentalität,
- Ihre Reaktion auf Dinge, Ereignisse,
- Ihre Kommunikation?

Können Sie andere Menschen ändern? Sie können andere Menschen beeinflussen. Dies können Sie je nach Status und Stellung mehr oder weniger effektiv mit den unterschiedlichsten Methoden und Instrumenten tun. Sie können Druck aufbauen, indem Sie einschüchtern, drohen, manipulieren, oder auch milder vorgehen, indem Sie überreden, überzeugen, belohnen, appellieren und motivieren. Aber wirklich ändern kann sich jeder nur selbst. Wenn Sie dies verinnerlicht haben, brauchen Sie sich nur noch um sich selbst zu kümmern (wenn es um persönliche Veränderungen geht). Der Rest passiert von alleine. Auch werden Sie sehen, wie Ihre Umwelt auf Ihre Veränderungen reagiert. Wenn Sie sich ändern, ändert sich Ihr Umfeld und damit die Welt.

Begrenzter Einfluss auf andere

Das Leben verändert sich, wenn wir uns verändern. Wir erschaffen unsere eigene Realität – ständig. Und um uns zu ändern, müssen wir die innere Welt ändern, die wir selbst geschaffen haben. Wenn Ihre Erwartungen nicht mit der Realität übereinstimmen, haben Sie einen Konflikt – mit sich selbst oder mit Ihrer Umwelt –, der Ihnen Stress bereitet.

Kommen Ihre Ziele von außen oder von innen?
Ziele sind das Zaubermittel zur Veränderung. So zumindest steht es in vielen wissenschaftlichen Büchern. Doch wie kommen wir zum Ziel – das ist die Frage! Grundsätzlich gibt es zwei Möglichkeiten, um zum Ziel zu gelangen:
1. Ihnen wird ein äußeres Ziel vorgegeben, das Sie erreichen sollen.
2. Ihr innerer Wunsch ist das Ziel.

Wenn Sie beide Varianten betrachten – was glauben Sie wohl, welche mehr Erfolg haben wird? Bei der ersten Variante wird Ihnen durch Druck oder Anreiz von außen ein Ziel vorgegeben – sozusagen übergestülpt. Sie müssen sich nach dem Ziel ausrichten. Damit Sie das Ziel auch erreichen, werden Sie von außen motiviert.

Bei der zweiten Variante, der *Fair-Änderung*, spüren Sie einen Drang von innen. Auf der Grundlage dieser inneren Orientierung, geleitet von eigenen Zielen und dem wirklichen Wunsch nach neuen Wegen, kann dann Veränderung stattfinden.

Innere versus äußere Ziele

Die nachstehende Tabelle macht diesen Unterschied deutlich:

Kriterium	Ziel von außen vorgegeben	Ziel kommt von innen
Weg zum Ziel	Deduktiv Äußere Vorgabe Ausrichten nach dem Ziel	Induktiv Innere Eingabe Einfach sich selbst folgen
Motivation	Extrinsisch – von außen Druck von außen Stress, Angst Reagieren	Intrinsisch – von innen Drang von innen Inneres Feuer Agieren
Gestaltung	Verrenkung „Wie muss ich mich verbiegen, damit ich das Ziel erreiche?"	Fair-Änderung „Ich folge mir selbst und fair-ändere mich dadurch."
Erstreaktion	Abwehr	Verstärkung
Ergebnis	Verweigerung	Erfolg
Energielevel	Anstrengend	Leicht
Spaßfaktor	Keiner	Riesenspaß
Umsetzung	Pflichtgemäßes Erfüllen, solange der Druck anhält	Freudiges Erfüllen und Weiterentwickeln
Umsetzungserfolg	Kurzfristig	Langfristig
Energieeinsatz	So wenig wie möglich, Ziel möglichst erreichen	So viel wie geht, Ziel wird sogar überschritten

Determinanten der Weiterentwicklung

Zur Erläuterung: *Deduktiv* heißt, dass wir vom Allgemeinen auf das Einzelne schließen – also vom Ziel ausgehen. Einem Menschen, der sich ändern soll, wird ein Ziel von außen „übergestülpt", an dem er sich orientieren soll. *Induktiv* bedeutet, vom Besonderen zum Allgemeinen zu gelangen – also vom Menschen aus Ziele zu definieren und auch Wege, wie diese erreicht werden können. Hierbei werden eigene – ganz persönliche – Ziele erarbeitet, damit individueller Erfolg möglich und langfristig gesichert wird. *Extrinsische* Motivation meint, dass etwas uns von außen antreibt, damit wir das Ziel erreichen. *Intrinsische* Motivation heißt, dass unsere Motivation von innen kommt – wie ein inneres Feuer. Wir brennen für die Sache.

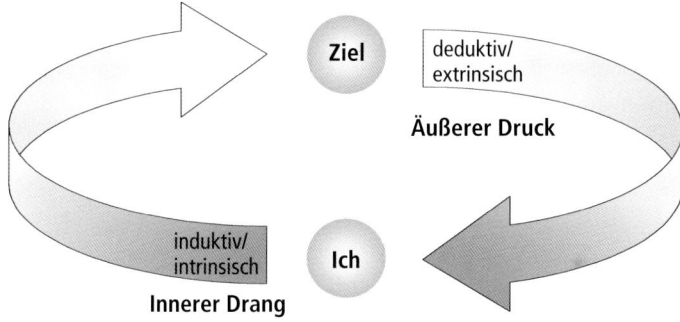

Wege zum Ziel

Den Erfolgsaussichten von außen gesteckter Ziele steht unsere „psychische Unterwelt" – unser Unterbewusstsein – entgegen. Der äußere Wille hat nur eine Umsetzungskraft von 5 bis 10 Prozent. Dieser äußere Wille zeigt sich in Absichtserklärungen, in dem, was wir sagen. Die wirksame Kraft, die echte Veränderungen zeugt, die zum Handeln führt, ist der innere Wille. Ihm entsprechen 90 bis 95 Prozent an Umsetzungskraft. Gekennzeichnet ist er durch das, was geschieht – und was wir oft nicht wahrhaben wollen: das Ergebnis. Daher ist es wichtig, Ziele mit dem Innen kongruent zu machen und nicht von außen überzustülpen. Von außen auferlegte Ziele werden nur selten erreicht.

Schritt 1: Orientierung – vom Kern zur Kompetenz

Fragen Sie sich bei von außen gesteckten Zielen:
- Ist das wirklich mein Ziel?
- Will ich das wirklich?
- Bin ich von den Inhalten absolut überzeugt?

Falls Sie eine der Fragen mit Nein beantworten, kann ich Ihnen jetzt schon sagen, dass Sie das Unterfangen gar nicht erst beginnen sollten. Es klappt nicht, denn Sie wollen es nicht wirklich.

Brennt das innere Feuer noch? Eine Schnupperspur in Richtung Veränderung sind das innere Feuer, die Begeisterung, das Glänzen in den Augen. Immer wieder erlebe ich es im Coaching, dass insbesondere Manager im Alter ab 40 sehr ausgelaugt sind. Oft steht die Frage im Raum: „War das schon alles?" Wie wollen wir andere entflammen, wenn in uns keine Flamme mehr brennt? Wie ist es mit Ihnen? Spüren Sie in Ihrem Beruf ein inneres Feuer, Begeisterung und Spaß – oder nur noch das effiziente, professionelle Ausführen eines langweiligen Routinelebens?

Übung Ist Ihr Beruf Ihre Berufung?

_____

Spüren Sie eine tiefe innere Begeisterung für Ihren Beruf?

_____

Was ist der Return-on-Investment oder Return-on-Lifetime in Ihrem Beruf? In welcher Form haben Sie einen Return erhalten (Geld, Bildung, Macht, Spaß ...)?

_____

_____

Lieben Sie Ihren Beruf so sehr, dass Sie ihm auch dann noch nachgingen, wenn Sie kein Geld dafür bekämen?

_____

Wenn Sie sich Ihren beruflichen Werdegang vor Augen führen – würden Sie sich noch einmal genauso entscheiden?

_____

_____

Was würden Sie anders machen?

_____

_____

Wie wollen Sie in Zukunft leben?
Schauen Sie einmal auf die nächsten sieben Jahre. Betrachten Sie den Privatbereich, Ihre Familie und Freunde, und das berufliche Umfeld.

Wo wollen Sie in sieben Jahren sein?   **Übung**

_____

_____

Wo werden Sie sein, wenn Sie so weitermachen wie bisher?

_____

_____

Schritt 1: Orientierung – vom Kern zur Kompetenz

An dieser Stelle möchte ich zwei Hauptwege des Vorgehens vorstellen – den Weg des effizienten Veränderns und den des kreativen Schrittmachers.

Kriterium	Veränderung	Schrittmacher
Muster	Verändert alte Muster	Denkt sich ein neues Muster aus und setzt es um
Rahmenbedingungen	Die Rahmenbedingungen, das Spiel und das Spielfeld sind bekannt	Erfindet ein ganz neues Spiel mit neuem Spielfeld und neuen Rahmenbedingungen
Spielregeln	Hält bekannte Spielregeln ein Optimiert bekannte Wege Effizienz Wird erwartet	Denkt sich neue Spielregeln aus Probiert einen neuen Weg aus Effektivität Überrascht
Motto	Make it better – ein bisschen geht noch	Make a difference – sei anders
Merkmal	Wir versuchen es	Alles ist möglich
Blickwinkel	Konzentration, enger Blickwinkel	Offenes Wahrnehmungsfeld Spielerischer Ansatz
Bei Auftreten von Konflikten oder Schwierigkeiten	Dies müssen wir jetzt durchziehen	Lässt die Lösung offen – vielleicht ergibt sich noch etwas ganz anderes
Grenzen	Wir gehen bis an die Grenze	Es gibt keine Grenze – Sky is the limit
Weg zum Ziel	Herkömmlicher „Knochenweg" der Anstrengung	Genial einfacher Weg
Wirksamkeit der Veränderung	10 – 30 Prozent	70 – 95 Prozent
Change	Inkrementelle Veränderung	Transformation

Effizienz bedeutet, alles *richtig* zu machen – und ständig besser. Effektivität heißt, *das Richtige* zu tun. Effizienz lässt sich durch Optimierung bekannter Wege und Abläufe erreichen. Effektivität lässt sich nur durch einen kreativen Schöpfungsprozess erlangen. Maßgebliche Veränderungen lassen sich weder managen noch optimieren. Sie bedeuten einen Quantensprung, der vor allem mit Ihrer Einstellung zu tun. Sie werden zum Schrittmacher des eigenen Lebens und übernehmen die volle Verantwortung für Ihr Leben. Bei der Umsetzung geht es nicht um Durchhalteparolen, sondern darum, wie Sie mühelos und anstrengungsfrei Ihren ganz persönlichen Weg beschreiten können.

Effizienz versus Effektivität

Denk-Mal: Werden Sie sich klar über Ihre Ziele. Ein von außen übergestülptes Ziel wird langfristig nicht zur persönlichen *Fair-Änderung* führen.

Die Revision der Einstellung und des Glaubenssystems

„*Lieber bin ich ein Träumer unter den Niedrigsten, mit Visionen, die zu verwirklichen sind, als ein Herr zwischen jenen, die ohne Träume und Verlangen sind.*"

KHALIL GIBRAN
(AMERIKANISCHER DICHTER UND PHILOSOPH
LIBANESISCHER HERKUNFT)

Wir alle haben von Kindheit an Botschaften zum gesellschaftlich konformen Verhalten in verbaler und nonverbaler Form vernommen und verinnerlicht. Solche *Glaubenssätze*, wissenschaftlich als *internale Repräsentationsmuster* bezeichnet, erzeugen Wirklichkeit und haben Auswirkungen

Internale Repräsentationsmuster

auf unseren Lebensentwurf und unsere Persönlichkeits- und Lebensentwicklung. Beispiele für diese prägenden Muster können sein:
- Ich bin klein und schwach.
- Ich bin nichts wert.
- Das Leben ist schwer.
- Ich muss mich anstrengen und hart arbeiten, um etwas zu erreichen.

Solche Gedanken bewahrheiten sich selbst und begrenzen die persönliche Weiterentwicklung.

Übung Hierzu ein kleiner „Reality-Check" im Sinne einer Mini-Lebensinventur. Welche Glaubenssätze haben Sie?

Ich bin _____

Das Leben ist _____

Ich muss _____

Unsere Gedanken bestimmen unser Handeln. Dazu gleich eine Folgeübung:

Übung Was bedeutet für Sie Erfolg? Überlegen Sie einmal in Ruhe, was Sie persönlich mit Erfolg verbinden und wann Sie sich so richtig erfolgreich gefühlt haben. Denken Sie dabei weniger an die Situation selbst, sondern mehr an Ihr Gefühl. Anstatt genau zu beschreiben, wie die Umstände waren, als Sie die Firma übernommen, den Preis erhalten oder ein Tor geschossen haben, sollten Sie darauf achten, was damit für Sie verbunden war. Ergänzen Sie:

Erfolg hatte ich, als ich ...

1. _____

Die Revision der Einstellung und des Glaubenssystems

2. _____

3. _____

Mit welchen Worten verbinden Sie Erfolg?

_____

_____

_____

_____

Achtung: Auch bei dem Wort „Erfolg" müssen wir prüfen, ob wir lediglich herkömmlichen Wenn-dann-Regeln folgen: **Innere oder äußere Maßstäbe?**
- Wenn ich eine angesehene Position in der Firma erreicht habe, bin ich ein erfolgreicher Mensch.
- Wenn ich ein wunderschönes Einzelhaus besitze, bin ich ein glücklicher Mensch.
- Wenn ich einen schönen Sportwagen fahre, werde ich von den Frauen geliebt.
- Wenn ich eine Luxusyacht im Mittelmeer besitze, bin ich ein beliebter Mensch.
- Wenn ich den Senator-Status im Miles&More-Programm von Lufthansa erreicht habe, bin ich ein angesehener Mensch.

Diese Aufzählung ließe sich beliebig fortsetzen. Wir alle wollen anerkannt und geliebt werden – und wir glauben, dass wir das mit äußeren Dingen schneller erreichen können als durch unser Sein, unser inneres Wesen. Denn äußerlicher Erfolg wird uns überall suggeriert: in den Medien, in der Werbung, von Freunden und Bekannten. Unsere Glaubenssätze basieren auf langjährigen Erfahrungen und auf dem, was andere uns gepredigt haben. Wir dürfen uns selbst nicht überspringen. Doch genau das passiert so vielen Menschen – im täglichen Leben, bei der Arbeit, in der Partnerschaft. Bei vielen ist der innere Faden längst abgerissen. Diesen gilt es wieder zu finden und aufzunehmen, damit wir wieder eine gute Anbindung an unseren Kern und an uns selbst bekommen.

Was sind Sie sich selbst wert? Achten Sie auf Ihre Worte und Ihre Gedanken – Sie erzeugen Wirklichkeit. Betreiben Sie keine Schwarz-Weiß-Malerei durch Killerphrasen, wie:
- Wieso muss ich auch das noch machen?
- Wieso muss ich an diesem schönen Wochenende arbeiten, wenn alle anderen frei haben?
- Ich bin so schwach und keiner hilft mir.

Bewertungen überdenken Überdenken Sie die Bewertungen, die darin stecken – die Außenwelt können Sie nicht ändern. Ersetzen Sie die obigen Verallgemeinerungen durch Worte, die auf die ganz konkrete Situation bezogen sind. Den negativen Wirkungen können Sie so einen positiven Dreh verleihen:
- Ich akzeptiere es, dass ich diese Arbeit übernommen habe, beim nächsten Mal werde ich vorher nachdenken, bevor ich nicke. Dann wird es ein anderer machen.
- Die Wochenendregelung haben wir im Team besprochen. Viele Kollegen haben frei und fahren in die Berge. Nach dem Wochenenddienst gönne ich mir eine Klettertour im Voralpenland.
- Ich fühle mich fit und schaffe das schon. Falls es mir zu viel wird, werde ich Kollegen bitten, mit anzupacken, damit wir das Ziel gemeinsam schaffen.

Das Worst-Case-Szenario Spüren Sie den Unterschied? In unangenehmen Situationen hilft folgende Überlegung: Was wäre das Allerschrecklichste, das passieren könnte, wenn Sie sich nicht so verhielten, wie Sie denken, dass man es von Ihnen erwartet?

Stellen Sie sich den Erfolg vor – Visualisierungen und Affirmationen

Erfolg und Misserfolg entstehen im Kopf. Wenn Sie wissen, was Sie wollen, können Sie auch machen, was Sie wollen, indem Sie sich die gewünschte Situation ganz genau vorstellen und sich ausmalen, wie es ist, wenn diese Situation eingetreten ist. Das gibt Ihrer Veränderung einen starken Schub. Affirmationen, positive Selbstgespräche und Visualisierungstechniken helfen, negative Selbstaussagen durch lösungsorientierte, positiv aufgeladene Gedanken zu ersetzen. Wie im Hochleistungssport erprobt, können Sie die Änderung Ihrer Einstellung und Ihrer Sichtweise auf Erfolg programmieren.

Affirmare heißt bestätigen – es meint eine Bejahung, Zustimmung oder Bekräftigung Ihrer inneren bildlichen Vorstellung. Die in Ihrem Unterbewusstsein erzeugten Bilder werden durch Affirmationen positiv verstärkt. Um die Affirmation zu visualisieren, können Sie diese zum Beispiel als Zettel an eine wichtige Stelle – etwa an den Kühlschrank – kleben und sich das Bild dann täglich mehrfach vorstellen. Durch die Wiederholung setzt sich das Bild in Ihrem Unterbewusstsein fest. Ein kleiner Tipp: Formulieren Sie keine „nicht-Sätze" wie: „Ich will nicht mehr so viele Gummibärchen essen", sondern benutzen Sie bejahende Bilder – zum Beispiel: „Nach zehn Gummibärchen ist meine Lust auf Süßes gestillt." Anstatt „Das schaffe ich ja nie" sagen Sie sich: „Heute probiere ich es zum ersten Mal. Bei jeder Übung werde ich dann besser. Ich stelle mir dabei ganz genau vor, wie ich dies mache."

Affirmationen – positive Verstärkungen

Folgende Affirmationen können Sie – in Ihren Worten und zu Ihren Wünschen passend – nutzen:
- Ich bin ganz ruhig.
- Ich fühle mich ausgeglichen.
- Ich bin offen und gelassen.

Beispiele für Affirmationen

Schritt 1: Orientierung – vom Kern zur Kompetenz

- Entspannt sehe ich dem nächsten Gespräch entgegen.
- Ich bleibe auch gelassen, wenn andere hektisch werden.

Ereignis	Folge	Schlechte Reaktion/ Handlung	Gute Reaktion
Die Autobahn ist nach einem schwerenUnfall für 45 Minuten voll gesperrt.	Sie werden zu spät zu einem wichtigen Geschäftstermin kommen.	Sie sind wütend und aggressiv.	Sie akzeptieren: Es ist, wie es ist.
Sie stehen im Stau und können die Autobahn nicht verlassen.		Sie schauen andauernd auf die Uhr, wann es endlich weitergeht.	Einatmen, ausatmen, weiteratmen.
		Sie rufen den Kunden und Ihren Vorgesetzten an.	Sie sagen sich: „Ich kann nichts daran ändern."
		Möglicherweise müssen Sie sich noch von Ihrem Chef den Vorwurf machen lassen, wieso Sie so spät losgefahren sind und wie so etwas passieren konnte.	

Beispiel: Chaos auf der Autobahn *Bedenken Sie: Die Autobahn wird nicht schneller frei, nur weil Sie permanent auf die Uhr schauen oder sich ärgern. Mit dem Ärgern steigern Sie Ihren Blutdruck und schaden Ihrer Gesundheit.*

Maßnahmen: Einatmen, ausatmen, weiteratmen, die Situation akzeptieren: *Es ist, wie es ist.* Sie können nichts an der Situation ändern. Es liegt außerhalb Ihres Einflussbereichs, dass die Autobahn gesperrt ist. Eine der wichtigsten Erkenntnisse ist, in Fällen, die Sie weder ändern noch kontrollieren können, nicht länger gegen sich selbst anzurennen. Gelassenheit lässt sich nicht mit einem Schalter auf „Ein" stellen und Stress gleichzeitig auf „Aus" schalten. Doch können Sie Wege zu mehr innerer Gelassenheit finden, indem Sie Ihre Glaubenssätze überdenken und durch Affirmationen positiv umprogrammieren. Negative Überzeugungen und emotionale Glaubenssätze sind oft die Ursache für selbstzerstörerische Reaktionen.

Überprüfen Sie Ihr Anspruchsniveau

In unserer Leistungsgesellschaft zählen Erfolg und Geschwindigkeit. Die Kehrseite der Medaille ist, dass immer mehr Menschen ihre energetischen Grenzen überschreiten und durch chronischen Stress in eine Phase des völligen Ausgebranntseins (Burn-out-Syndrom) geraten. Nur weil Sie bisher auf Dauerstress in einer bestimmten Weise reagiert haben, muss dies nicht so bleiben. Sie können Ihr Verhalten ändern. Und das hat maßgeblich mit Ihrem Selbstmanagement zu tun. Analysieren Sie Ihr eigenes Anspruchsniveau – Ihre Ansprüche an sich selbst und an die anderen. Oft sind es unsere Erwartungen an uns selbst, die uns Stress bereiten. Wer sich mehr vornimmt, als er schaffen kann, darf sich nicht über Misserfolge und Frustrationen wundern. Schuldzuweisungen führen nicht zum Ziel.

Wie hoch ist der Preis für Ihre eigenen Ansprüche? Stimmt das Verhältnis von Kosten und Nutzen? Wenn Sie beruflich befördert werden, ist dies vielleicht mit einer Gehaltserhöhung, der Aufwertung Ihres Selbstbewusstseins und mehr Prestige verbunden. Die Kehrseite der Medaille könnte aber bedeuten, weniger Zeit für Partner, Kinder, Sport und Freun-

Den Preis eigener Ansprüche überdenken

de zu haben. Mit einem Hochklettern auf der Karriereleiter könnte das eigene Anspruchsniveau höher klettern, als es für das geistig-körperlich-seelische Fundament gut ist. Mit der Folge, schnell die Belastungsgrenze zu erreichen, und der Gefahr eines Burn-out.

Durch positive Formulierungen können wir anders an viele Situationen herangehen – indem wir unser Bewusstsein schärfen. Sie führen aber noch zu keiner nachhaltigen Änderung der Verhaltensweisen im Alltag. Dies geht nur durch aktives Handeln. Denn:
- Negatives Denken funktioniert immer.
- Positives Denken funktioniert nicht immer.
- Positive Handlungen sind äußerst selten.

Die Zauberfrage Wenn Sie nun Ihre innere Einstellung und Ihre Ansprüche reflektiert haben, stellen Sie sich übungshalber mal die „Zauberfrage":

Übung Die Zauberfrage lautet: Angenommen, Sie hätten überhaupt keinen externen Druck, keine Erwartungen oder Zwänge – was würde sich dann für Sie persönlich ändern?

_____

_____

Woran, wie und wann würden Ihre Freunde und Kollegen merken, dass Sie sich verändert haben?

_____

_____

_____

Wie müsste der spürbare Veränderungsschub aussehen, damit Sie Ihre Wohlfühlzone verlassen?

_____

_____

Wenn Sie machen könnten, was Sie wollen, was würden Sie am liebsten tun?

_____

_____

Denk-Mal: Erfolg ist das, was folgt, wenn wir uns selbst folgen.

Grenzenlose Kreativität im Möglichkeitsspiel(t)raum

„Wer hinter einem Pflug geht, der von einem Pferd gezogen wird, kann sich nicht vorstellen, dass die Zukunft ein Traktor ist."

LERNEFFEKT NACH EINEM FÜHRUNGSSEMINAR

Die meisten von uns haben eine begrenzte Vorstellung davon, was wir wirklich erreichen können. Gefangen in den Konventionsmustern der Erziehung, den Ansprüchen an sozial erwünschtes Verhalten und den Konformitätsregeln in der Leistungsgesellschaft, haben wir das Gefühl für die eigenen Möglichkeiten verloren. Um dieses Gespür wiederzugewinnen, dürfen Sie größer denken – nicht nur ein klei-

Schritt 1: Orientierung – vom Kern zur Kompetenz

nes bisschen, sondern viel, viel größer. Dann finden Sie in eigener Verantwortung den Spielraum für Ihre Möglichkeiten.

Sky is the limit

1890 waren über 90 Prozent der Bevölkerung in der Landwirtschaft tätig. Heute sind es weniger als 3 Prozent. Die wenigen Landwirte heutzutage erwirtschaften jedoch mehr als die 90 Prozent von damals. Was heißt dies für Sie selbst? *Sky is the limit – there is no limit!* Der Weg dorthin hat jedoch nichts mit Optimierung oder Effizienzverbesserung zu tun, sondern erfordert einen Quantensprung in der Weiterentwicklung. Dazu müssen Sie raus aus den bisherigen Spuren. Und das geht nur, wenn Sie leichter, lockerer, spielerischer und träumerischer mit dem Leben umgehen. Dazu wollen wir im Folgenden gemeinsam mentale Strukturen und Muster auf- und durchbrechen, damit Sie Zugang zu Ihren ungenutzten Potenzialen bekommen.

Möglichkeitsspiel(t)räume vergrößern

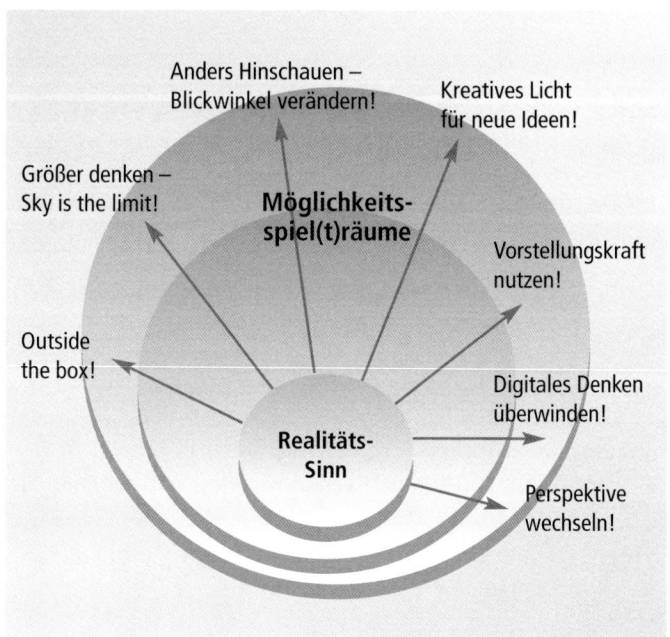

Schon der Abschnitt über internale Repräsentationen – Glaubenssätze – hat gezeigt: Der Radius des Verstehens korreliert mit Ihren eigenen Wahrnehmungs-, Denk- und Bewusstseinsgrenzen. Wir alle interpretieren Situationen nach unserem Vorverständnis aus Erfahrungen, Prägungen und Wissen. Unsere Erwartungen bestimmen, was wir tatsächlich im Leben erhalten. Wer klein denkt, bleibt klein. Wenn wir größer denken, sind wir nicht beschränkt und können grenzenlos wachsen. Jeder zieht seine Grenzen, wie es für ihn vorteilhaft ist. Dies ist eine Realität, die zur menschlichen Natur gehört. Aber nicht jede Grenze, die einmal sinnvoll gezogen wurde, hat in Zukunft weiterhin Sinn. Daher müssen wir jede Grenze infrage stellen. Wer nicht bereit und in der Lage ist, von außen gesetzte Grenzen zu überschreiten, bleibt sein Leben lang in der Kindrolle. Er gibt die Verantwortung für sein Leben ab und akzeptiert, was andere für ihn entscheiden. Erwachsenwerden heißt, sein Leben eigenverantwortlich zu gestalten.

Sich aus der Kindrolle befreien

Erwachsener	**Kindrollenspieler**
Proaktiv Verantwortung für das Leben übernehmen	Passiv, keine Verantwortung übernehmen – die anderen sind schuld
„Mit beschwingter Leichtigkeit mache ich, was mir entspricht."	„Arbeit ist Quälerei, bis die Knochen knacken."
Lösungsorientiert	Problemorientiert
„Arbeit ist eine Energiequelle."	„Ich erhalte Schmerzensgeld für harte Arbeit."
„Mir geht's funtastisch."	„Ich bin ein armes Schwein, die Welt ist schlecht."
Positivspirale	Negativspirale
Kreativ	Unbeweglich
„Ich wähle …"	„Ich muss …"
Hilft sich selbst	Beklagt sich

Erwachsener	Kindrollenspieler
„Geld gibt es im Überfluss, ich muss nur die richtigen Quellen finden – es gibt keine Grenzen."	„Das Geld ist knapp, es herrscht Mangel, alles ist begrenzt."
Energiespender	Energiesauger

Erst der Sprung von der passiven Kindrolle zum verantwortlichen Erwachsenen ermöglicht Weiterentwicklung und Wachstum. Welche Rolle spielen Sie?

Living in a box

Die Vorstellungs-*Kraft* nutzen

Der Song „*I am living in a box, living in a cargo-box*" dröhnte vor Jahren aus dem Radio. Viele verhalten sich – besonders unter Stress –, als ob sie in einem kleinen Käfig eingesperrt seien. Dementsprechend klein ist ihr Handlungsradius. Wer im engen (Vorstellungs-)Käfig sitzt, sieht „hinter tausend Stäben keine Welt". Es lohnt sich, die Stäbe des eigenen Käfigs zu brechen. Sonst engen wir uns ein und bewegen uns in selbst gezogenen Grenzen. Warum versetzen wir diese nicht einfach? Aufgeschlossenheit ist die beste Therapie gegen die Begrenztheit des Denkens – wir schließen die Tür unserer eigenen Begrenzung einfach auf. Wenn wir uns bewusst werden, dass Grenzen willkürlich gesteckt sind, können wir sie auch leicht überwinden. Lassen Sie sich nicht in die (eigenen) Schranken verweisen und im Käfig Ihrer (Sie selbst begrenzenden) Vorstellungswelt einsperren.

Nutzen Sie die Kraft der Visionen – „Imagine". Die Auswirkung der Vorstellungskraft auf unsere Leistungsfähigkeit ist enorm. Ähnlich unseren körperlichen Muskeln können wir auch die Vorstellungs-*Kraft* trainieren. Weiterentwicklung heißt auch, dass Sie lernen, Möglichkeitsräume zu betreten, anstatt in den Engen der eigenen Begrenztheit zu bleiben. Genau das tun Sie beim Brainstorming – Sie denken „out of the box". Sie lassen den Gedanken freien Lauf, ohne sie am Machbaren zu überprüfen. Es geht um Möglichkeiten statt Machbarkeiten. Es geht um Freiräume und Spielräume, die Sie sich erst einmal erträumen müssen. Stellen Sie sich diese Möglichkeiten ganz konkret vor – mit allen Gefühlen, allen Sinnen, Farben, Menschen, ... Mit der Anziehungskraft Ihrer Vorstellungen werden Sie zu einem Erfolgsmagneten. Verleihen Sie Ihrer Kreativität Flügel, damit Sie Ihre alten Grenzen überwinden können. Ganz bewusst sogar.

Jenseits der Linearität – die neue Art des Hinschauens

Wir sind es gewohnt, den Blick nach vorn oder nach hinten zu richten. Geradlinigkeit bedeutet die Verlängerung der Vergangenheit in die Zukunft. Warum riskieren wir keinen Blick zur Seite? Irgendwann haben wir uns Scheuklappen angelegt. Doch was liegt an der Seite? Das Abseitige oder das Mögliche? Der Blick zur Seite bedeutet Ganzheitlichkeit. Gerade durch diesen Blick zur Seite im Sinne eines Perspektivenwechsels gewinnen wir neue Einsichten und Erfahrungen. Wir schlagen von der ursprünglich geraden Linie vom Jetzt zum Ziel einen schöpferischen Winkel in die lebendige Wirklichkeit. Dadurch können Möglichkeiten zur Wirklichkeit werden. Dies hat maßgeblich mit einer anderen – vollständigen – Art des Hinschauens zu tun. Sie können dieses Instrument gezielt einsetzen.

Denken Sie einmal an die Weite Ihres Blickwinkels, wenn Sie sich folgendermaßen fortbewegen:

Hohe Geschwindigkeit – kleiner Blickwinkel

Bewegung	Geschwindigkeit	Möglicher Blickwinkel in Grad
Zu Fuß	6 km/h	360
Mit dem Fahrrad	20 km/h	180
Mit dem Bus	60 km/h	45
Mit dem Auto	200 km/h	15
Mit einem Jet	Mach 2	3

Den Tunnelblick vermeiden

Je schneller wir uns fortbewegen, desto kleiner werden Gesichtsfeld und Blickwinkel. Eine Orientierung ist immer weniger möglich. Wenn wir langsamer gehen, haben wir mehr Überblick. Nur durch Orientierung kommen wir dort an, wohin wir wollen. Angestrengte Konzentration auf ein Detail kostet Energie und führt zum Tunnelblick – Sie bekommen nicht mehr mit, was um Sie herum geschieht. Für Veränderungen ist es wichtig, ein weites Wahrnehmungsfeld aufzubauen, in dem Sie auch nach links und rechts schauen können – und das mühelos, ohne Anstrengung. Dieser ruhige, klare Blick erlaubt ein Sehen aus der Distanz. Sie finden so leichter Abstand zur Situation und zu sich selbst.

Einfach mal nichts tun

Inmitten der hektischen Betriebsamkeit des Alltags ist es wichtig, dass Sie sich Rückzugsmöglichkeiten schaffen. Dies kann eine stille Stunde sein, in der Sie auf keinen Fall gestört werden und die Sie für sich gestalten – durch Meditation, Gebet, Tagebuchschreiben, Musikhören oder Musizieren, Lesen oder Schreiben eines Gedichts ... Lassen Sie Ihre Gedanken fliegen – ohne Ziel. Der Abstand öffnet im Kopf die Schleusen zur Kreativität. Zwischen Pflicht und Kür muss eine Balance bestehen. Das Leben ist mehr als nur Anspannung, Entspannung ist genauso wichtig. Ganz im Zeichen der *Work-Life-Balance* (der Balance zwischen verschiedenen Lebensbereichen) ist mal „gar nix machen" ungeheuer wichtig – es geht nichts über einen Tag gepflegter Langeweile. Zelebrieren Sie ab und an das Nichtstun. Entfliehen Sie dem Aktionismus. Aus der Entspannung und der kreativen Naherholung können Sie dann wieder aufbrechen zu neuen Ufern, nachdem Sie sich gesammelt haben.

Das digitale Denken überwinden

Ein anderer Blick meint auch: Für die Lösung von Problemen und Konflikten gibt es mehr als nur einen Weg. Manchmal können Sie das eine machen – und das andere auch. Das Leben ist nicht digital. Nicht schwarz oder weiß. Denn zwischen Schwarz und Weiß liegen nicht die Graustufen, sondern die Farben. Seien Sie daher offen und schauen Sie, was sich so bietet im Leben – anstatt nur *einem* Ziel hinterherzulaufen. Probieren Sie neue Dinge aus und spielen Sie mit den Möglichkeiten.

Erproben Sie Ihren Blickwinkel. Stellen Sie sich vor, Ihnen fährt jemand bei regennasser Fahrbahn an der Ampel von hinten auf Ihr funkelnagelneues Auto. Es gibt einen kleinen Blechschaden, aber zum Glück ist niemand verletzt. Wie bewerten Sie diesen Vorfall? Sehen Sie vor allem die negative Seite und schimpfen darüber, dass Sie Ihren Termin verpassen, bei Regen nass werden, sich mit der Polizei herumärgern und sich um das kaputte Auto kümmern müssen … – oder fokussieren Sie das Positive und sagen sich, dass schließlich alles schlimmer hätte ausgehen können: Sie hätten ein schweres Schleudertrauma erleiden können, möglicherweise hätten Sie operiert werden müssen mit der Folge langwieriger und quälender Kopfschmerzen … Versetzen Sie sich einmal in beide Situationen – wie fühlt sich das an? Merken Sie den Unterschied?

Übung

Alles ist eine Frage des Blickwinkels: Jemand, der von seinem Arbeitgeber freigesetzt wird, mag dies als eine absolut vernichtende Niederlage empfinden, als Beginn eines Abwärtsstrudels gar, der ihn in die Obdachlosigkeit reißen wird. Ein anderer vielleicht wird die freie Zeit als wertvolle Entlastung erkennen – die Möglichkeit einer Neuorientierung und Neuausrichtung sehen. Allein das Wort „arbeitslos" führt bei vielen bereits zur Angststarre und zum Verarmungswahn. In den USA heißt es einfach „in between jobs", was eine ganz andere Dimension der Möglichkeiten eröffnet. Nur durch die Veränderung des Blickwinkels und unserer Einstellung können wir unsere Sicht auf die Dinge ändern – und so uns selbst neue Wege freimachen.

Was ist wirklich wichtig?

Wenn wir unser Leben mit Kleinkram verplempern und den Blick für das Wesentliche verlieren, bleibt für die wichtigen

Dinge im Leben keine Zeit mehr. Wenn wir mit unserem Leben geizen und auf Sparflamme leben, beschränken wir uns selbst. Geiz ist also nicht immer geil. Leben Sie nicht nur die Länge Ihres Lebens, sondern vor allem auch die Fülle. Trauen Sie sich mehr zu – und denken Sie größer. Eine einfache Übung soll demonstrieren, was es bedeuten kann, größer zu denken:

Übung Stellen Sie sich vor, Sie vermischen Wasser mit Kohlensäure. Was ist das Ergebnis?

$$H_2O + CO_2 \rightarrow ?$$

Normale Menschen kommen mit normalen Ressourcen unter normalen Bedingungen zu normalen Ergebnissen – und das ist Sprudelwasser, also ganz normales kohlensäurehaltiges Wasser (H_2CO_3). Jetzt denken Sie einmal größer und geben kreatives Licht für neue Ideen mit dazu – wir nehmen die sechsfache Menge der Ausgangssubstanzen:

$$6 \times (H_2O + CO_2) \rightarrow ?$$

Hier können Sie Ihre Erinnerungen aus dem Biologieunterricht zum Thema Photosynthese auffrischen:

$$\overset{LICHT}{6 \times (H_2O + CO_2) \rightarrow C_6H_{12}O_6 + 6 \times O_2}$$

Richtig. Es entsteht Glucose (Zucker) als Nährstoff für die Pflanzen und – als Abfallprodukt – Sauerstoff. Die Natur ist wirklich genial.

Die Perspektive wechseln Erweitern Sie in Gedanken Ihre Grenzen und Ihren persönlichen Spielraum. Wenn wir uns in Details verlieren, können wir unmöglich den Überblick bekommen. Daher ist es wichtig, Abstand zu halten. Zu den Dingen – und zu uns selbst. Der Überblick gibt uns wieder ein Bild für das Ganze. Neue Spielräume zu erschließen bedeutet vor allem den Blickwinkel zu wechseln, um eine neue Sichtweise zu erhalten. Wechseln Sie von der Froschperspektive zum Adlerblick. Dabei dürfen Sie Ihren *Realitäts-Sinn* durch ein *Möglichkeitsbewusst-Sein* ergänzen. Stellen Sie gegebene Dinge tabulos und mutig infrage und öffnen Sie sich für die ungeheueren Möglichkeiten, die Ihnen die Vorstellungskraft schenkt – jenseits der einschränkenden Beurteilungen des Machbaren.

Das Spiel des Lebens – ein Lebens-Spiel. Wenn Sie sich und die Welt nicht mehr so ernst nehmen, erschließt sich das Neue spontan, intuitiv und spielerisch viel leichter. Sorgenfalten entstehen durch zu viel Ernst, Angst und Sicherheitsdenken. Wenn Sie mehr spielen, geht alles leichter. Ich habe noch niemanden kennen gelernt, der Spielfalten auf der Stirn hatte. Wünschen Sie sich mehr Chancen, nicht mehr Sicherheiten. **Spielerisch leben**

Überprüfen Sie nun in einer kleinen Übung, was Ihnen wirklich wichtig ist. Nehmen Sie sich Zeit und Ruhe, die folgenden Fragen in entspannter Atmosphäre zu beantworten. Gönnen Sie sich die Zeit – nur für sich – bei schöner Musik mit einem Blatt Papier und ein paar farbigen Stiften.

Stellen Sie sich vor, Sie hätten alle Zeit und alles Geld der Welt, was machten Sie am allerliebsten? **Übung**

1. _____

2. _____

3. _____

Wenn Sie drei Wünsche frei hätten, was fiele Ihnen spontan ein?

1. _____

Schritt 1: Orientierung – vom Kern zur Kompetenz

2. _____

3. _____

Was-wäre-wenn-Möglichkeits-Fragen:
- Was passierte, wenn …
- Was sagte Ihre Familie, wenn …
- Was veränderte sich für Sie, wenn …
- Was wäre für Sie die Folge, wenn …
- Bei Ihrer Arbeit könnten Sie …
- Ihr Vorgesetzter wäre …
- Ihre Familie und Ihre Freunde wären …
- Sie selbst wären …
- Sie müssten …, um folgende Entscheidungen treffen zu können: …
- Sie fänden es gut an sich, wenn …

Denk-Mal: Was Sie sich bildlich vorstellen, wird Realität. Möglichkeitsspiel(t)räume sind größer als Ihr eingeschränktes Realitätsbewusstsein.

Ultimative Wake-up-Calls – wenn der Körper die rote Karte zeigt

*„Dein Schmerz zerbricht die Schale,
die dein Verständnis umschließt."*

KAHLIL GIBRAN (AMERIKANISCHER DICHTER
UND PHILOSOPH LIBANESISCHER HERKUNFT)

Beispiel: *Holger Kröger, 41, Informatiker und Datenbank-Spezialist,*
Workoholiker *arbeitet seit zwei Jahren als IT-Projektleiter an einem großen*

Ultimative Wake-up-Calls

Krankenhaus in Hamburg, das vor sechs Monaten von einer bedeutenden Klinikkette übernommen wurde. Nicht erst seit der Ankündigung der neuen Geschäftsführung, dass die EDV möglicherweise an eine externe Dienstleistungsfirma vergeben werden soll, leidet der gewissenhafte Informatiker immer wieder unter Rücken- und Kopfschmerzen, die sich besonders in Zeiten von terminlicher Enge und äußerem Druck verstärken. Ständig hat er das Gefühl, für alles verantwortlich zu sein. Da er schlecht delegieren kann, ist er oft der Letzte, der abends nach Hause geht. Die Stimmung innerhalb der Abteilung ist auf dem Nullpunkt, die Atmosphäre zum Zerreißen gespannt. Keiner der Mitarbeiter weiß, wer möglicherweise von der externen Dienstleistungsfirma übernommen werden soll und wer entlassen wird. Nachdem eine Mitarbeiterin kurzfristig ausgefallen ist, weiß Holger Kröger vor lauter Überlastung überhaupt nicht mehr, wo er anfangen soll. Sein Vorgesetzter hat bisher seinen Wunsch abgelehnt, einen Tag in der Woche zu Hause am Projekt zu arbeiten, obwohl er dort völlig ungestört und viel effektiver arbeiten könnte. Seit einigen Wochen arbeitet er regelmäßig auch an den Wochenenden, um das enorme Arbeitspensum erledigen zu können. Seine Frau macht ihm zunehmend Vorwürfe, dass er keine Zeit mehr für sie habe. Kurz vor Ostern bekommt Holger Kröger prompt einen Hörsturz – und meldet sich notgedrungen krank.

Das Beispiel dieses Workoholikers soll weniger demonstrieren, wie krank machende Arbeitsbedingungen zu bekämpfen wären, vielmehr wollen wir untersuchen, unter welchen Voraussetzungen ein gesundes und erfolgreiches Arbeitsleben möglich ist – auch unter schwierigen Bedingungen. Kompensationsmechanismen, die lediglich an Symptomen des Problems ansetzen, springen letztlich zu kurz. Plötzliche Erkrankungen sind Warnsignale unseres Körpers, die funken: „Hilfe – so geht es nicht mehr weiter." Anstatt diese Alarmsignale auszuschalten, was viele durch die Einnahme von Schmerzmitteln und anderen Medikamenten tun, ist es rich-

Warnsignale des Körpers wahrnehmen

tiger, sie als Veränderungsindikatoren aufzufassen, um eine bewusste Veränderung einzuleiten.

Die Ist-Situation akzeptieren   Das, was passiert ist, können wir nachträglich nicht mehr ändern. Die Vergangenheit ist vorbei. Wir müssen die Situation akzeptieren, wie sie ist, und uns, wie wir sind, und nicht, wie wir uns gern hätten. Niemand kann vor sich selbst weglaufen, denn er nimmt sich selbst immer mit. Bereits dadurch, dass wir die Ist-Situation akzeptieren, wie sie ist, findet eine Erweiterung unseres Bewusstseins statt. Diese Akzeptanz ist die Voraussetzung für den notwendigen Abstand, um Zusammenhänge besser erkennen und neue Möglichkeitsräume betreten zu können. Um mit unangenehmen Situationen adäquat umzugehen, brauchen wir eine Umorientierung in Richtung persönliche Selbstentfaltung. Dies bedeutet eine klare *Ent-Scheidung:* das eine zu machen und das andere loszulassen. Diese Transformation vollzieht sich in zwei Schritten: in der Wahrnehmung und Bewusstwerdung und in der Einleitung der nächsten Schritte.

Schritt 1: Überblick und Abstand gewinnen
Erst eine veränderte Wahrnehmung kann einen wirklichen Wandel herbeiführen. Ziel ist Integration in einem umfassenden Sinn. Das bedeutet, die uns hemmenden, begrenzenden und einschränkenden Dimensionen des gewöhnlichen Bewusstseins durch einen erweiterten Blickwinkel zu überwinden. Die Veränderung des Blickwinkels führt dazu, dass wir über den Tellerrand der routinierten Betriebsamkeit sehen und ins Handeln kommen, anstatt uns weiterhin wie eine Schallplatte mit Sprung im monotonen Jammertalmodus zu drehen. Die Blickwinkelerweiterung ist der Impuls für den Wandel – der Zündfunke für den Motor der Weiterentwicklung. Wir können in Einklang mit uns selbst kommen und einen neuen (Er-)Lebensbereich entwerfen, in dem wir Körper, Seele und Geist in eine umfassende und nachhaltige Balance bringen.

Schauen wir uns die Transformation von Negativenergie in Positivenergie anhand des Beispiels von Holger Kröger einmal an:

	Energiekiller / Passives Reagieren	Positive Energie / Proaktive Handlung
Sichtweise	*Problem*orientierung	*Lösungs*orientierung
Haltung	*„Ich bin ein Opfer* der Arbeitsflut – ich brauche Hilfe. Mir geht's so schlecht." Die Abgabe der Verantwortung und die folgende Hilflosigkeit ziehen Holger Kröger Energie ab.	*„Ich bin Herr des Geschehens.* Proaktiv nehme ich mein Leben in die Hand und kümmere mich selbstverantwortlich darum, dass es mir besser geht." Die Übernahme der Verantwortung gibt Kraft und die Gelassenheit, dass es klappt.
Fragestellung	*„Warum* hab ich nur so viel zu tun?"	*„Wie* kann ich mich besser abgrenzen und Arbeit an andere delegieren?"
Wert der Arbeit	„Ich muss die Arbeit erledigen – da muss ich halt mal auf das Privatleben verzichten. Arbeit ist kein Honigschlecken."	„Wenn es mal wieder richtig rund läuft, mache ich erst einmal eine Pause, setze mich hin und atme ein, aus und dann gelassen weiter. Danach schaue ich dann, was wirklich wichtig ist und was unbedingt erledigt werden muss."
Körperliche Auswirkungen	Rückenschmerzen, Kopfschmerzen, Hörsturz	Achtsamkeit im Umgang mit dem eigenen Körper: „Wenn sich Schmerzen einstellen, ist das ein Signal für mich, dass etwas nicht stimmt."
Energiestatus	„Ich fühle mich völlig ausgelaugt."	„Mir geht's prima – ich fühle mich gesund und gestärkt. Meine Kollegen sind hektisch, aber ich bleibe ganz ruhig."

Schritt 1: Orientierung – vom Kern zur Kompetenz

	Energiekiller/ Passives Reagieren	Positive Energie/ Proaktive Handlung
Einstellung zu Konflikten	„Ich ertrage diesen Druck nicht mehr, die Abgrenzung fällt mir schwer."	„Es beflügelt mich, wenn es so richtig brummt. Im Umgang mit Konflikten habe ich gute Bewältigungstechniken gelernt und gehe gelassener mit mir und dem Leben um."
Arbeitssituation	„Ich ärgere mich sehr, dass ich immer der Depp für andere bin und alles alleine machen muss."	„Als Meister des Projektmanagements binde ich die Mitglieder der Projektgruppe in die Herausforderungen ein. Gemeinsam werden wir an Lösungen arbeiten, wer wann was macht, damit wir als Team erfolgreich sind."
Gedanken zum persönlichen Erfolg	„Arbeit, bis die Knochen knacken – das hat mein Onkel schon gesagt."	„Mein Erfolg ist unabhängig davon, ob ich viel oder wenig arbeite. Wenn ich ganz bei mir bin, weiß ich, was mir gut tut und was ich wirklich will."
Abgrenzung und Delegation von Arbeit	„Wir stehen enorm unter Zeitdruck – diese Arbeit muss ich selbst machen, sonst klappt es doch nicht." „Was ich nicht selber mache, geht in die Hose."	„Wir stehen enorm unter Zeitdruck – diese Arbeit können wir nur zusammen schaffen, sonst klappt es nicht." „Was ich nicht selber mache, können andere besser als ich."
Eigene Wertschätzung	„Eigentlich kann ich mich wirklich nicht mehr konzentrieren, aber das muss ich unbedingt noch heute fertig stellen." „Ich darf den Chef nicht enttäuschen – ich bin nicht so wichtig."	„Eigentlich kann ich mich wirklich nicht mehr konzentrieren, morgen früh bin ich wieder frisch." „Ich darf mich selbst nicht enttäuschen – ich bin mir sehr wichtig."

Ultimative Wake-up-Calls

	Energiekiller / Passives Reagieren	Positive Energie / Proaktive Handlung
Achtsamkeit gegenüber dem eigenen Körper	„Mein Nacken schmerzt enorm – nach 14 Stunden Arbeit vor dem Bildschirm –, aber ich kann jetzt noch nicht schlapp machen."	„Mein Nacken schmerzt enorm – Zeit zum Aufhören. Beim nächsten Mal pass ich besser auf mich auf, mach öfter Pause und mach zwischendurch Lockerungsübungen."
	„Ich bin supermüde – aber nach der nächsten Tasse Kaffee bin ich wieder wach."	„Ich bin supermüde. Heute habe ich viel geschafft – morgen ist ein neuer Tag."
Work-Life-Balance	„Erst die Arbeit – dann das Vergnügen."	„Erst der Spaß an der Arbeit und dann noch mehr Vergnügen."
	„Seit Wochen habe ich keinen Sport mehr gemacht."	„Genau – und deshalb gehe ich heute Abend zum Aerobic, um mich mal wieder so richtig auspowern zu können."
Denken über Grenzen	„Grenzen sind ein Gesetz und dürfen nicht überschritten werden." „Wenn ich nicht von zu Hause arbeiten kann, muss ich die liegen gebliebene Arbeit eben am Wochenende erledigen."	„Durch konsequentes Infragestellen althergebrachter Regeln werde ich meinem Chef klar machen, dass das Projekt absolute Priorität hat. Ich vereinbare mit ihm, dass ich einen Tag von zu Hause arbeite – ohne Störungen durch Kollegen –, dann können wir auch den Termin halten."

Ein Vergleich der Sätze in der linken und der rechten Tabellenspalte macht den Unterschied deutlich: Die passive Hilflosigkeit von Holger Kröger schreit zum Himmel. Aus der jammernden, sich selbst bemitleidenden Negativprogrammierung kann er herauskommen. Dazu muss er Abstand zu seiner Arbeitssituation gewinnen und die Lage neu definieren – positiv gewendet, aktiv und verantwortungsbewusst. Problemsätze werden umformuliert in proaktive Lösungssätze.

Schritt 2: Aktiv werden und Problem oder Konflikt ansprechen

Wenn Sie sich in einer vergleichbaren Situation befinden wie Holger Kröger, sprechen Sie den Konflikt bewusst an und aus: Sagen Sie klipp und klar, was Sie wollen – viele Dinge lassen sich ganz einfach ändern –, probieren Sie es aus. Das ist wahrlich keine Hexerei. In dem Moment, in dem Sie die störenden Punkte ansprechen, anstatt frustriert und passiv-aggressiv zu resignieren, findet bereits Veränderung statt.

Wut, Zorn und Traurigkeit sind Hinweise darauf, dass etwas schief läuft in unserem Leben, dass die Balance zwischen Körper, Emotionen und Geist nicht mehr stimmt und wir nicht mehr in unserer Mitte sind. Krankheiten sind ultimative Botschaften, dass eine grundlegende Veränderung stattfinden muss. Sie sind – wie auch Unfälle – Alarmsirenen, die Sie nicht überhören dürfen. Alles hat seinen Preis, der Preis für die uns geschenkte Gesundheit ist der höchste – wir bezahlen mit unserem Leben. Wenn wir nicht das tun, was uns entspricht, wird uns unser Körper bald die rote Karte zeigen. Längst ist unumstritten, dass diejenigen, die sich wohl fühlen in ihrer Firma, seltener krank werden als diejenigen, denen die Arbeit keinen Spaß macht.

Beispiel: Krankheit als Warnruf

Ein guter Freund, der bisher erfolgreich als Vertriebschef gearbeitet hatte, rief mich vor einigen Wochen an und sagte, dass er wegen eines bösartigen Tumors operiert werden müsse. Er war geschockt. Von einer Sekunde auf die andere war alles anders. Seine Erkrankung bewegte ihn dazu, über sein Leben und seine Lebenszeit nachzudenken, das Leben neu auszurichten. Er nutzte die Zeit für eine gründliche Lebensbilanz und eine komplette Neuorientierung. Ein Ergebnis war, seinen alten Job zu kündigen, eine neue, ganz andere Herausforderung anzunehmen und seine Arbeitszeit so zu organisieren, dass er jetzt mehr Zeit für sich und seine Familie hat.

Wenn Sie sich diese dramatische Situation vor Augen führen, würden Sie dann
- weiter in einem Job bleiben, der Ihnen keinen Spaß macht?
- jeden Tag so lange im Büro bleiben, wie Sie es bisher getan haben?
- immer noch so schnell Ja sagen, wenn es um Überstunden oder Wochenendarbeit geht?
- sich weiter über Kleinigkeiten aufregen?
- immer noch alle E-Mails beantworten?
- trotz brennender Augen erst spätabends todmüde nach Hause kommen?
- weil Sie sich abends zu nichts anderem aufraffen können, viel fernsehen?

Denk-Mal: Wenn Ihnen Ihr Körper die rote Karte zeigt, gehen Sie vom Platz und legen Sie vor einem neuen Einsatz eine Denkpause ein.

Der rote (Lebens-)Faden

„Der Wille zum Sinn bestimmt unser Leben!
Wer Menschen motivieren will und Leistung fordert,
muss Sinnmöglichkeiten bieten."

Viktor Frankl
(Österreichischer Neurologe und Psychiater)

Wenn Sie eine Lebensinventur machen und in aller Ruhe auf Ihr bisheriges Leben schauen – Ihre Kindheit, Schulzeit, Ausbildung/Studium, den ersten Job, einen Berufswechsel und so weiter – was verbindet all diese Dinge miteinander? Was ist der rote Faden, der sich als Konstante durch Ihr Leben zieht, unabhängig davon, was Sie bisher gemacht haben?

Schritt 1: Orientierung – vom Kern zur Kompetenz

Manche mögen Zuverlässigkeit, Engagement oder Neugierde antworten, andere vielleicht Hilfsbereitschaft, Ehrlichkeit oder Bauchgefühl. Es könnte auch Verlassenwerden, Enttäuschung oder Trennung sein. Ein paar Übungen können Ihnen helfen, sich selbst besser kennen zu lernen.

Übung Nehmen Sie sich ein Blatt Papier und notieren Sie Ihre Gedanken zu folgenden Punkten:

Welches Thema zieht sich wie ein roter Faden durch Ihr Leben?

_____

_____

_____

_____

Wenn Sie sich über Ihre Lebenswerte Gedanken machen – welche drei Werte sind Ihnen wirklich wichtig?

1. _____

2. _____

3. _____

Welche drei maßgeblichen Dinge möchten Sie noch in Ihrem Leben machen?

1. _____

2. _____

3. _____

Der rote (Lebens-)Faden

Welche drei ganz konkreten Maßnahmen setzen Sie zur Vorbereitung auf Ihre oben genannten Ziele um?

1. _____

2. _____

3. _____

Wenn Sie Ihre persönliche Einstellung überprüfen, so gibt es zwei unterschiedliche Sichtweisen, wie Sie Ihr Leben empfinden können: **Das Leben ertragen oder gestalten**

- Variante a: Wir können nichts ändern an unserem Leben – alles ist vorbestimmt. Das Leben läuft ab wie ein Film und wir sind mittendrin – als passive Schauspieler. Anhänger dieser Variante verhalten sich zumeist reaktiv und empfinden sich als Opfer des Schicksals.

- Variante b: Alles, was in unserem Leben geschieht, können wir selbst entscheiden und beeinflussen. Wir haben die volle Verantwortung für alles, was (uns) geschieht. Verfechter dieser Ansicht verhalten sich meistens proaktiv und empfinden sich als Gestalter ihres Lebens.

In welchem Ausmaß meinen Sie, dass Sie Ihre Zukunft bewusst und aktiv beeinflussen können? Nehmen Sie eine Skala von 0 bis 10 (wobei 0 der Variante a entspricht und 10 der Variante b) – wo würden Sie Ihr Kreuzchen setzen? **Übung**

0 _____ 5 _____ 10

Authentisch zu sein bedeutet, man selbst zu sein, wie man ist – und nicht, wie man sein möchte. Es bedeutet, sich selbst gegenüber ehrlich zu sein, zu verhalten und dies auch zu zeigen. Und es hat etwas damit zu tun, sich selbst so anzunehmen, wie man ist. Werde, der du bist – ist die Botschaft. **Authentisch sein**

Schritt 1: Orientierung – vom Kern zur Kompetenz

Dies setzt voraus, dass wir mit uns selbst, unserem Kern und unseren Zielen übereinstimmen und uns adäquat verhalten. Authentisch sind wir immer dann, wenn wir uns nicht verdrehen oder verbiegen müssen, sondern einfach wir selbst sind – ohne das Gefühl zu haben, eine Rolle zu spielen oder spielen zu müssen. Authentisch zu sein heißt, das zu sagen, was wir meinen, und das zu meinen, was wir sagen. Wir sagen, worauf es uns ankommt, und nicht das, was ankommt.

Übung Kommen wir Ihrer Persönlichkeit auf die Spur: Wenn Sie fünf Eigenschaften von sich selbst nennen würden, die Sie als Person ausmachen, welche wären dies?

1. _____

2. _____

3. _____

4. _____

5. _____

Wenn Sie Ihren Lebenspartner oder Ihre besten Freunde fragen würden, welche fünf charakteristischen Merkmale Sie als Person ausmachen, welche Antwort bekämen Sie vermutlich?

1. _____

2. _____

3. _____

4. _____

5. _____

Wie weit stimmen die Antworten überein? Markieren Sie auf der folgenden Skala von 0 bis 100 Prozent den Grad der Übereinstimmung. Die Übereinstimmung von Selbst- und Fremdeinschätzung gibt Ihnen einen Hinweis darauf, ob Sie authentisch handeln oder nicht.

0 ──────────────── 50 ──────────────── 100

Menschen sind leicht in Gefahr, nicht authentisch zu handeln, weil sie anderen gefallen wollen. So strampeln sie sich im Außen ab, ohne zu merken, dass sie sich von sich selbst entfremden und sich nicht mehr kongruent mit sich selbst verhalten.

Der Chef, der autoritär auftritt, obwohl er eigentlich harmoniebedürftig ist, verhält sich unauthentisch. Das spüren auch die Mitarbeiter, denn es zeigt sich in äußerlichen Unstimmigkeiten. Es kann sich beispielsweise in der Stimme bemerkbar machen, wenn etwa die Stimmfestigkeit fehlt. Kommunikation steht im Spannungsfeld von Wahrhaftigkeit und Wirkungsbewusstheit. Spätestens die Körpersprache weist meistens darauf hin, dass es eine Diskrepanz zwischen Gesagtem und Gemeintem gibt.

Wir sind authentisch, wenn wir
- singen,
- lachen,
- spielen.

Sich selbst annehmen

Sich selbst anzunehmen, wie Sie sind, bedeutet auch, dass Sie Ihren Schwächen vergeben, die Sie schon seit Jahren bekämpfen. Gegen sich selbst anzukämpfen ist Energieverschwendung. In dem Moment, in dem Sie sich ehrlich annehmen und sich mögen, wie Sie nun mal sind – mit all den Fehlern, die Sie vermeintlich von Ihren Idealen entfernen –, rauben Sie sich selbst keine Energie mehr. Und dies ist eine Riesenlast, die Ihnen von den Schultern fallen wird. Wenn Sie liebevoll mit sich selbst umgehen und auf sich selbst zugehen, brauchen Sie auch in der Außenwelt nicht mehr zu kämpfen.

Gerade taffe Manager, die nur gerade Wege und rechenbare Ziele kennen, hören solche Sätze gar nicht gern. „Das ist doch Gelaber für Weicheier und Schlaffis", mag ihre Reaktion sein. Doch wer sich selbst nicht annimmt, kommt dem Burn-out-Syndrom gefährlich nahe. Wenn Sie sich hingegen Ihrem Kern nähern, werden Sie die Kraft spüren, die in der Selbstannahme steckt. Authentizität bedeutet auch, mit sich selbst fair umzugehen und nur Wege einzuschlagen, die Ihnen entsprechen – unabhängig davon, was andere für Sie als geeignet erachten.

Übung	Nehmen Sie sich zur Beantwortung der folgenden Frage so viel Zeit, wie Sie brauchen, und jede Menge Papier. Diese zentrale Lebensfrage lautet: Wer sind Sie?

_____

_____

_____

_____

Die eigenen Möglichkeiten entdecken	Sie haben sich jetzt viel mit sich selbst beschäftigt, mit Ihren Gedanken und Wünschen, mit dem, was Ihnen entspricht. Was könnte das konkret sein? Was könnten Sie in Angriff nehmen, um sich selbst näher zu kommen? Da wir nicht mehr im Mittelalter leben, haben Sie grundsätzlich (fast) alle Möglichkeiten, das zu machen, was Ihrem Herzenswunsch, Ihren Talenten und Potenzialen entspricht. Ein beruflicher Veränderungsschritt will allerdings wohl geplant sein.

Der rote (Lebens-)Faden

Beat Brüggli ist erfolgreicher Texter in einer Schweizer Marketing-Agentur. Da er sich mit der neuen Geschäftsführung in Kernpunkten nicht mehr versteht, möchte er seinen lang gehegten Wunsch wahrmachen und sich selbstständig machen. Nachdem er bereits bei seinem Arbeitgeber gekündigt hat und fest entschlossen ist, mit einem Kollegen in Zürich eine eigene Marketing-Agentur aufzubauen, klingelt plötzlich das Telefon. Ein Headhunter einer namhaften Personalberatung fragt ihn, ob er sich nicht vorstellen könne, bei einer internationalen strategischen Unternehmensberatung als Marketing-Direktor einzusteigen. Das Angebot ist verlockend – 28 Mitarbeiter sind zu führen, es winken ein Spitzengehalt, Ruhm und Ehre und die Perspektive, auch in die USA gehen zu können. Andererseits will er doch so gern seine eigene Firma gründen – doch hierfür müsste er sich verschulden ...

Beispiel: Selbstständig oder angestellt?

Eine solche Entscheidung fällt schwer und muss möglicherweise im Coaching geklärt werden. Wichtig ist, dass Sie für sich herausfinden, ob Sie Ihrer Energie und Ihrem roten Lebens-Faden folgen.

Fertigen Sie eine Mind-Map (eine Gedankenlandkarte) an mit allen Möglichkeiten, die sich Ihnen zur persönlichen Veränderung bieten. Schreiben Sie dazu in die Mitte eines Blattes: „Ich verändere ..." und kreisen Sie diese Worte ein. Darum herum zeichnen Sie Äste mit den Punkten, die Sie verändern wollen. Von diesen können wiederum weitere Zweige mit Unterpunkten abgehen. Tragen Sie dabei zu jedem Punkt die prozentuale Energiemenge ein, mit der Sie sich dort einbringen wollen. Dies hilft Ihnen zu erkennen, ob Ihnen der neue Bereich auch liegt.

Übung

Denk-Mal: Authentizität ist ein Schlüsselfaktor für den persönlichen Erfolg.

Auf den Punkt gebracht

Wenden Sie sich achtsam Ihrem inneren Kern zu, der Ihnen den Weg zur eigenen Kernkompetenz und Ihren Potenzialen zeigt. Werden Sie sich klar darüber, dass die Welt ist, wie sie ist. Sie können weder die Außenwelt noch die Bedingungen ändern – sondern nur sich, Ihre eigene Welt und Ihre Einstellung zu den Dingen. Sie erschaffen sich Ihre Wirklichkeit und Ihre eigene Welt durch Ihre Gedanken und Vorstellungen. Ziel sollte es sein, Ihre Grenzen spielerisch zu überwinden und keine Energie zu verschwenden im Kampf mit Dingen, die sich nicht ändern lassen. Die Kunst ist dabei, die Einschränkungen des Realitätsbewusstseins durch kreative Möglichkeitsspiel(t)räume zu erweitern. Wenn Sie Licht in Bereiche lassen, die vorher im Dunkeln lagen, erweitern Sie Ihr Bewusstsein. Dies erfordert eine neue Art des Hinschauens. Vergrößern Sie Ihren Blickwinkel durch einen Perspektivenwechsel. Schauen Sie mit Abstand – von oben oder von der Seite – auf Ihre Umgebung. Je achtsamer Sie mit sich und Ihren Ansprüchen umgehen, desto geringer ist die Gefahr, in einen Zustand chronischen Ausgebranntseins (Burn-out-Syndrom) zu gelangen. Achten Sie auf Ihre Work-Life-Balance und hören Sie auf die Signale, die Ihnen Ihr Körper sendet, bevor Sie krank werden. Nehmen Sie sich selbst an: Authentizität ist ein Schlüsselfaktor für Ihren persönlichen Erfolg.

Schritt 2: Hindernisse – Hürden erkennen und überwinden

„Was in aller Welt würde ein Mensch mit sich selbst anfangen, wenn nichts ihm im Wege stünde?"

HERBERT GEORGE WELLS

(ENGLISCHER SCHRIFTSTELLER)

Auf dem Weg zum eigenen Kern und zur Kernkompetenz können wir viele Indikatoren nutzen, die uns eine Schnupperspur zu uns selbst zeigen. Und wir werden den Gefahren begegnen, die uns vom Großen abhalten. Je klarer Sie das Jetzt einschätzen, desto bewusster werden Sie erkennen, wie Sie in Zukunft das machen können, was Sie wollen. Wenn Ihre inneren Verhaltensmuster Ihnen Energie absaugen, werden Sie weniger Energie für Veränderungen zur Verfügung haben. Je stärker Ihre „Energieräuber" sind, desto flacher wird Ihre individuelle Wachstums- und Entwicklungskurve verlaufen. Jede Energie, die Sie für Projekte oder Handlungen aufwenden, die Ihnen nicht entsprechen, ist *Negativenergie*. Sie zehrt an den Reserven und führt über einen Energiemangel zu einem Erlahmen Ihres inneren Schaffendrangs und Ihrer Kräfte. *Positivenergie* bedeutet, dass Sie Ihre Ressourcen in die Dinge stecken, die Ihnen Spaß und Freude bereiten. Sie setzt neue Energien frei. Gemeinsam werden wir daran arbeiten, Negativenergie in Positivenergie zu verwandeln. Ziel ist es, die richtige *Frequenz* und ein optimales

Energieniveau zu erreichen. Prüfen Sie zunächst einmal Ihr Energieniveau. Befinden Sie sich auf einer positiven oder einer negativen Frequenz?

Die Energiebilanz

„Im Universum herrscht ein universeller Austausch …
Geben und Empfangen sind zwei verschiedene Aspekte
des Energieflusses im Universum."

DEEPAK CHOPRA (INDISCHER ARZT)

Energiemanagement bedeutet, mit den eigenen Energien, wie zum Beispiel Liebe, Zeit, Aufmerksamkeit, Gedanken, Geld, Gesundheit, körperliche Kraft und Emotionen, werteorientiert zu haushalten und unsere eigenen Handlungen mit unseren inneren Werten, Mustern, Potenzialen und Ressourcen sinnvoll in Einklang zu bringen.

Stellen Sie sich vor, die Ihnen zur Verfügung stehende Energie wäre in einer *Energießkanne*.

Die *Energießkanne*

Aktueller
Füll-Pegel

Die Energiebilanz

Permanent fließt Energie hinein und ab. Mit dieser Energie können Sie Unkraut begießen oder Rosen zum Blühen bringen. Für eine ausgeglichene Energiebilanz darf die Menge der abfließenden Energie nicht größer sein als die der einfließenden – sonst zehren wir von unseren Reserven. Fangen Sie damit an, den aktuellen Füllstand dieser *Energiegießkanne* zu bestimmen. Damit dies nicht Pi mal Daumen geschieht, können Sie einen diagnostischen Test machen. Überprüfen Sie, inwiefern folgende Aussagen auf Sie zutreffen.

Energie-Check

Testen Sie Ihren Energie-Pegel:

Übung

Aussagen zum Energieniveau	Stimmt immer 6 Punkte	Stimmt häufig 4 Punkte	Stimmt ab und zu 2 Punkte	Stimmt nie 0 Punkte
1. Es gelingt mir gut, die Regie in meinem Leben zu führen.	☐	☐	☐	☐
2. Im Alltag übernehme ich die volle Verantwortung für mein Leben.	☐	☐	☐	☐
3. Bei der Arbeit kann ich gut Nein sagen und erfolgreich delegieren.	☐	☐	☐	☐
4. Ich lerne konsequent aus meinen Fehlern und suche nach Wegen, mich permanent zu verbessern.	☐	☐	☐	☐
5. Ich kann auf meine Talente, Stärken und Fähigkeiten bauen.	☐	☐	☐	☐
6. Mir gelingt es auch im täglichen Leben, meine Gefühle zu zeigen und meiner Intuition zu vertrauen.	☐	☐	☐	☐

Schritt 2: Hindernisse – Hürden erkennen und überwinden

Aussagen zum Energieniveau	Stimmt immer 6 Punkte	Stimmt häufig 4 Punkte	Stimmt ab und zu 2 Punkte	Stimmt nie 0 Punkte
7. Ich bin offen und neugierig auf Neues.	☐	☐	☐	☐
8. Es gelingt mir auch in schwierigen Situationen, loszulassen, mich zu entspannen und von den Problemen des Alltags abzuschalten.	☐	☐	☐	☐
9. Ich schaffe es, mich auf das Wesentliche in meinem Leben zu konzentrieren.	☐	☐	☐	☐
10. Mit freiem Kopf kann ich gelassen und entspannt wichtige Entscheidungen treffen.	☐	☐	☐	☐
11. Mit großer Erfüllung kann ich mich in meinem Beruf selbst verwirklichen.	☐	☐	☐	☐
12. Ich arbeite nur so viel, wie mir gut tut.	☐	☐	☐	☐
13. Ich habe Zeit für Partnerschaft, Familie und private Aktivitäten.	☐	☐	☐	☐
14. Ich achte auf eine gesunde Ernährung.	☐	☐	☐	☐
15. Ich mache regelmäßig Sport und achte auf meine Gesundheit.	☐	☐	☐	☐

Auswertung:

Gesamtpunktzahl:

Auswertung: Bitte addieren Sie die Werte aus den jeweiligen Einschätzungen zu den Aussagen und bilden Sie die Gesamtpunktzahl.

0 bis 30 Punkte: Sie wissen bereits einiges über sich – aber wenn Sie wollen, können Sie noch mehr daraus machen. Innere Energieräuber machen Ihnen möglicherweise das Leben schwer. Sie verzichten auf viel Energie, die Sie hätten, wenn Sie Meister Ihres Lebens wären. Übernehmen Sie die Regie und die Verantwortung in Ihrem Leben. Wenn Sie Ihre Energiekiller kennen lernen und einen persönlichen Masterplan entwickeln, werden Sie zukünftig Ihre PS besser auf die Straße bringen können. Wichtig ist, dass Sie ein ausgewogenes Verhältnis von *Wollen*, *Können* und *Machen* sowie von Gesundheit, Privatsphäre und Beruf aufbauen. Mit den richtigen Methoden und Instrumenten können Sie Ihrem Leben einen neuen Dreh verpassen, um glücklich und erfolgreich zu werden.

31 bis 60 Punkte: Sie sind auf dem richtigen Weg. Sie kennen Ihre Talente und Potenziale, haben sie aber noch nicht zur vollen Blüte gebracht. Möglicherweise gibt es ein Ungleichgewicht zwischen dem beruflichen Erfolg und der privaten Erfüllung. Beginnen Sie mit einfachen Dingen. Investieren Sie Zeit in eine Lebensinventur, entwickeln Sie auf Basis Ihrer persönlichen Visionen einen Aktionsplan und bauen Sie eine bessere Balance zwischen Arbeits- und Privatleben auf. Befreien Sie sich von den Beschwernissen des Alltags. Nehmen Sie sich selbst nicht zu ernst und bleiben Sie wach für Veränderungen.

61 bis 90 Punkte: Donnerwetter! Sie haben ein gutes Bewusstsein für das Energiemanagement in Ihrem Leben. Sie kennen Ihre Talente und können Ihre Potenziale gut entfalten. Proaktiv und eigenverantwortlich gehen Sie durchs Leben und lassen sich nicht durch innere Energieräuber den Schwung

Schritt 2: Hindernisse – Hürden erkennen und überwinden

nehmen. Sie sind auf dem besten Wege, das zu machen, was Sie wollen. Sie schaffen es, ein gesundes Verhältnis zwischen Privatem und Arbeit zu leben. Mit ein bisschen mehr Gelassenheit und Entspannung können Sie Ihre Lebensbatterie ganz aufladen – Sky is the limit!

Energie-Einnahmen und Energie-Ausgaben Die Werte dieses Energie-Checks stellen lediglich eine Momentaufnahme Ihrer Lebenswirklichkeit dar. Nachdem Sie den Füllstand Ihrer Energießkanne kennen – Ihre *Energieliquidität* –, wollen wir uns Gedanken machen, welche Energien hinein- und welche abfließen. Reflektieren Sie Ihre Energie-Einnahmen und Ihre Energie-Ausgaben.

Übung Das gibt mir Energie (Energie-Einnahmen):

1. _____

2. _____

3. _____

4. _____

5. _____

Das zieht mir Energie ab (Energie-Ausgaben):

1. _____

2. _____

3. _____

4. _____

5. _____

Die Energiebilanz

Wie steht es um Ihre Energiebilanz? Ist Ihre Energießkanne randvoll oder leben Sie über Ihre energetischen Verhältnisse? Hinweise auf einen Negativsaldo auf Ihrem energetischen Konto könnten Vorboten eines Burn-out-Syndroms sein. Hier wäre ein schneller Energietransfer fällig! (Im Buch *Machen Sie doch, was Sie wollen* bin ich ausführlich auf die einzelnen Kriterien der Energieinventur sowie auf die Negativfrequenzen und inneren Energieräuber eingegangen. Interessierte finden hierzu auf den ersten 80 Seiten viele hilfreiche Übungen.)

Stellen Sie sich ein paar Grundsatzfragen zur Energießkanne: **Fragen zur Energiebilanz**
- Wie könnten Sie den Füllstand erhöhen?
- Was machen Sie, um die Bilanz von Energie-Einnahmen und Energie-Ausgaben in Zukunft positiv zu gestalten?
- Was wollen sie mit Ihrer Energie zum Wachsen bringen?
- Wer könnte Sie dabei unterstützen?
- Was müssen Sie konkret tun?
- Wann setzen Sie die Maßnahmen um?

Wenn Ihre Energiebilanz negativ ist, leben Sie auf einer negativen Frequenz. Mit dem *Frequenzwechsel* möchte ich Ihnen einen Weg zeigen, von einer negativen auf eine positive Frequenz zu gelangen. Diese Technik werde ich weiter unten an Beispielen näher erläutern. Als Einstieg lade ich Sie zu einer Zeitreise ein. **Der Frequenzwechsel**

Setzen Sie sich bequem hin, nehmen sich etwa eine halbe Stunde Zeit, lassen sich nicht von äußeren Umständen stören (zum Beispiel vom Telefon) und schließen Sie die Augen. Denken Sie nun an ein für Sie ganz aktuelles Problem und spüren Sie dabei in Ihren Körper hinein. Atmen Sie ganz bewusst ein und aus. Wie fühlt sich das Problem körperlich an? Spüren Sie einen Schmerz, eine Last, einen Druck? Können Sie eine Farbe benennen? Können Sie sagen, wie groß Sie das Problem im Körper spüren? Können Sie den Ort be- **Übung** schreiben, an dem sich das Problem „niedergelassen" hat? Was verändert sich konkret in Ihrem Körper, wenn Sie an das Problem denken? Bekommen Sie Herzklopfen oder Nackenschmerzen oder vielleicht Atemnot? Wo in Ihrem Körper geht es Ihnen gerade gut? Versuchen Sie einen Augenblick in dieser Region zu verweilen, um sich dann wieder dem Problem zuzuwenden:

- Stellen Sie sich jetzt vor, es wäre eine Stunde vergangen. Hat sich etwas verändert?
- Stellen Sie sich nun vor, es wäre inzwischen ein Tag seit heute vergangen und Sie schauen zurück. Hat sich Ihr Körpergefühl geändert?
- Stellen Sie sich jetzt vor, es wäre eine Woche vergangen, seit Sie an das Problem gedacht haben. Fühlen Sie sich bereits besser? Ist die Last oder der Druck geringer geworden? Welche Bedeutung hat das Problem jetzt noch?
- Stellen Sie sich jetzt einmal vor, es wäre ein Monat vergangen. Versuchen Sie sich ganz bewusst vorzustellen, dass es einen Monat später ist. Draußen ist es vielleicht wärmer oder kälter geworden, vielleicht weht der Wind stärker. Beziehen Sie diese Überlegungen mit in Ihre Vorstellungen ein. Wie fühlt sich das Problem jetzt an? Was hat sich geändert? Spielt das Problem jetzt noch eine große Rolle?
- Wir gehen noch weiter in unserer Zeitreise. Stellen Sie sich jetzt vor, es wäre ein Jahr seit dem heutigen Tag vergangen. Sie haben jetzt einen großen Abstand zu dem Problem. Wenn Sie jetzt auf das Problem zurückblicken, fühlen Sie sich erleichtert? Welchen Rat würden Sie sich selbst geben, um das Problem aus dieser Sicht zu lösen?
- Stellen Sie sich nun einmal vor, es wären zehn Jahre vergangen. Sie haben eine sehr große Distanz zu dem Problem, das Sie vor zehn Jahren hatten. Können Sie das Problem noch spüren? Wie meinen Sie, dass Sie am besten mit einem solchen Problem umgehen könnten aus dem Blickwinkel nach zehn Jahren? Gibt es etwas, was Sie sich selbst als guten Tipp geben möchten?

Kehren Sie nun in die Jetzt-Zeit zurück – auf den Stuhl oder Sessel, auf dem Sie gerade sitzen. Atmen Sie ruhig und gelassen weiter. Spüren Sie noch einmal den Eindrücken in den unterschiedlichen Zeitzonen nach. In welcher Zeit nach der Problemsituation haben Sie sich am besten gefühlt? Lassen Sie dieses Gefühl ganz tief in Ihr Bewusstsein fließen. In welcher Zeitzone hatten Sie die meiste Kreativität, um das Problem lösen zu können? Welcher Vorschlag war der beste für eine langfristige Lösung?

„Die Zeit heilt alle Wunden", sagt ein altes Sprichwort. Diese Übung, durch eine Zeitreise zum Frequenzwechsel zu gelangen, ist höchst wirksam. Probleme lassen sich besser lösen, wenn Sie den notwendigen Abstand haben. Diesen Abstand können Sie auch dadurch gewinnen, dass Sie den *Worst Case* simulieren (vgl. S. 26). **Abstand gewinnen**

Stellen Sie sich vor, was schlimmstenfalls passieren könnte: **Übung**

_____

_____

_____

Malen Sie sich aus, was bestenfalls passieren könnte. Was müssten Sie tun, damit dieser Fall eintritt?

_____

_____

_____

Das Leben wird dann spannend, wenn wir selbst etwas unternehmen – auch wenn es Risiken birgt. Das Schielen auf Sicherheit und Absicherung erstickt unsere Lebensenergie.

Frei von allen Sorgen, sicher und ohne Risiken sind wir erst dann, wenn wir knapp zwei Meter unter der Erde in einem Sarg liegen. Daher sollten wir das Leben nutzen, um etwas zu wagen und uns nach unseren Potenzialen und Möglichkeiten auszuprobieren. Wenden wir uns im Folgenden gezielt einigen Energieräubern zu.

Denk-Mal: Energie ist die Summe aller uns zur Verfügung stehenden Kräfte auf allen Lebensebenen von Körper, Geist und Emotionen.

Die Macht der Muster, Gepflogenheiten und Gewohnheiten

„Ein Frosch, in heißes Wasser geworfen, macht, was sinnvoll, schlau und lebensrettend ist: Er hüpft mit all seiner Kraft aus der tödlichen Bedrohung.
Ein Frosch, der in angenehm temperiertem Wasser paddelt, merkt es nicht, wenn die Temperatur langsam und stetig steigt und steigt und steigt – bis das Wasser kocht. Und er springt nie (wieder) …"

ERKENNTNIS AUS DER PHYSIOLOGIE

Nach den Weihnachtstagen überfällt den einen oder anderen ein mulmiges Gefühl, das schlechte Gewissen meldet sich: All die Braten und süßen Leckereien haben das Verhältnis von Körpergröße und Gewicht verschoben. Ist auch Ihnen das Schokoladenmotto vertraut: Fünf Sekunden auf der Zunge, fünf Stunden im Magen-Darm-Trakt, fünf Jahre auf den Hüften? Dann sind Sie nicht allein.

Michael Schmecker, 51, ist ein erfahrener und erfolgreicher Manager im Vertrieb eines internationalen Medizintechnik-Konzerns. Bei einer Vorsorgeuntersuchung diagnostiziert sein Hausarzt zu hohen Blutdruck, als dessen Ursache er starke berufliche Belastung vermutet. Wegen der vielen Besprechungen und stressbedingt isst Michael Schmecker sehr unregelmäßig, zu fett und viel zu schnell. Als sehr harmonieliebender Mensch kann er sich nur schwer abgrenzen und schlecht Nein sagen. Er ist eher konfliktscheu und schluckt Druck, Stress und Ärger meistens hinunter, isst den Frust regelrecht in sich hinein. Sein Hausarzt hat ihm bei einer Konsultation wegen Herzrhythmusstörungen dringend geraten, sein Arbeitsverhalten zu ändern – und auch 15 Kilogramm abzunehmen. Seit ein paar Monaten nimmt sich Michael Schmecker regelmäßig vor, sein Gewicht zu reduzieren. Doch was hat er bisher gemacht – gar nichts. Er hat sich inzwischen aber ein Diät-Buch gekauft. Ein Fitzelchen Hoffnung hat er ja noch, doch die vielen Abendessen mit den Kunden fallen ins Gewicht …

Beispiel: Gewichtabnehmen

Ja, auf der einen Seite sind die guten Vorsätze – und auf der anderen Seite die zartesten Versuchungen, die das Leben bietet. Die Realität schlägt knallhart zu – jeden Tag neu. Alte Gewohnheiten zu ändern ist nicht leicht.

Wie schwierig es sein kann, eingefahrene Wege zu verlassen, zeigt die Währungsreform. Seit Anfang des neuen Jahrtausends bezahlen wir die Produkte, die wir kaufen, in Euro. Im letzten Jahrhundert gab es einmal die Deutsche Mark. Sie war ein Zeichen deutscher Wertarbeit, sie war hart und stabil und zeugte vom Wirtschaftswachstum in Deutschland, das es im letzten Jahrhundert einmal gab. Obwohl inzwischen mehr als tausenddreihundert Tage vergangen sind, rechnen laut Statistiken renommierter wissenschaftlicher Institute immer noch über 50 Prozent aller Deutschen in D-Mark. In Frankreich stehen sogar noch die Preise in Franken an den Produkten.

Die Währungsreform und ihre Folgen

Sich eingeschliffene Muster bewusst machen

Oft versperren uns die eigene Engstirnigkeit und alte Muster den Blick und damit die Möglichkeiten zur Veränderung. Um uns besser auf die Spur zu kommen, ist es wichtig, dass wir uns die Macht alter Verhaltensmuster, Gepflogenheiten und Gewohnheiten, die sich als tiefe Spurrillen eingeschliffen haben, bewusst machen.

Welche Hindernisse stellen sich Ihnen bei dem Wunsch nach Veränderungen und Weiterentwicklung in den Weg? Denkbare Antworten könnten – je nach Thema – sein:
- Ich bin nicht gut genug.
- Ich muss noch mehr wissen.
- Ich bin zu schwach.
- Ich schaffe es nicht allein.
- Ich habe keine Zeit.
- Ich habe Angst.
- Das klappt ja nie.
- Mein innerer Schweinehund hält mich davon ab.

Übung

Stellen Sie sich vor, was Sie gern ändern möchten. Welche Hindernisse kennen Sie von sich selbst?

_____

_____

Gewohnheiten – bequem und gefährlich

Über das possierliche Tierchen „innerer Schweinehund" gibt es zahlreiche hervorragende Bücher. Daher erhalten Sie an dieser Stelle keine näheren Hinweise zur Tierpflege. Vielmehr wenden wir uns gezielt dem Umgang mit Gewohnheiten zu (die der Schweinehund natürlich liebt). Gewohnheiten sind bequem – sie erleichtern das Leben: Wir müssen nicht in jeder Situation neu entscheiden. Sie sind damit sogar lebensnotwendig, denn niemand könnte handeln, müsste er über jede Handlung nachdenken. Jedoch: Wer nur seinen Gewohnheiten gemäß lebt, hat bald das Gefühl, er werde gelebt.

Anstatt sich selbst zu folgen, folgt er anderen. Anstatt in sich selbst zu horchen, hört er auf andere, was angeblich gut für ihn sei. Wir sind zum großen Teil ein Volk von Zuschauern geworden. Passivität ist das Gebot der Stunde. Wenige bewegen sich noch. Der Rest wird bewegt oder hockt in konsumierender Duldungsstarre passiv vor dem Fernseher. Tele-Vision statt eigener Vision bedeutet Fußball ansehen statt Fußball spielen, Action-Videos anschauen statt selbst für Aktion sorgen. Dazu verklicken immer mehr Menschen ihre Lebenszeit mit E-Mails und surfen in der unendlichen Weite des Internets, anstatt sich mit anderen zu treffen und mit ihnen gemeinsam etwas zu unternehmen.

Wenn Sie sich weiterentwickeln wollen, dann reicht es nicht, sich einen Film anzusehen, sondern Sie müssen aktiv werden – das Drehbuch schreiben und auch selbst spielen.

Oft hindern uns unsere Gewohnheiten daran, uns aufzuraffen. Die Kunst ist es, den Gewinn des Hindernisses „liebe Gewohnheit" zu erkennen, um dann Ressourcen aufzubauen, das Ziel zu erreichen, ohne das Hindernis weiter zu brauchen. Sie können sich Ihre Gewohnheiten zunutze machen, indem Sie Teile davon beibehalten und abändern. Um beim Beispiel Essen zu bleiben: Wenn Sie es gewohnt sind, in Stresssituationen Süßigkeiten zu knabbern, könnten Sie es einmal mit Obst probieren.

Gewohnheiten umprogrammieren

Da Gewohnheiten tief in unserem Inneren verankert sind, ist es wichtig, sich schrittweise in Richtung Eigenverantwortung nach vorn zu arbeiten und dabei die Trümmer der begrenzenden und ängstlichen Einstellungen und Muster beiseite zu räumen und mental neu zu programmieren. Die Weiterentwicklung erfolgt durch Vertrauenssprünge. Hören Sie auf Ihr Bauchgefühl und vertrauen Sie Ihrer Intuition. In dem Moment, in dem die inneren Barrieren überwunden sind, die die Kreativität haben stagnieren lassen, kann die Energie ungehindert fließen. Der Wechsel vom passiven Kindrollenspieler zum verantwortlichen Erwachsenen (vgl. S. 33) gibt Kraft für die Weiterentwicklung.

 **Denk-Mal:** Der Wunsch ist ein Gaul, den man gern sattelt, aber nie reitet.

Der Kontakt zur psychischen Unterwelt

*„Der Mensch kann nur dann etwas lernen,
wenn er vom Bekannten zum Unbekannten geht."*

CLAUDE BERNARD

(FRANZÖSISCHER PHYSIOLOGE)

Auf das Unterbewusstsein hören

Das Unbewusste spielt in unserem Leben eine große Rolle. Ständig nicht gewollte Persönlichkeitsanteile zu unterdrücken ist mit einem enormen Aufwand an Energie verbunden, auf Kosten der Lebensfreude und Kreativität. Denn wer den ganzen Tag damit beschäftigt ist, den übernommenen Maßstäben anderer zu genügen, hat vor lauter Anpassung keine Zeit, den eigenen Kern zum Ausdruck zu bringen. Die aus der „psychischen Unterwelt" – aus dem Unterbewusstsein – gesendeten Informationen, wie Ängste, Träume und Sehnsüchte, empfinden wir häufig als Störenfriede, die unsere mühsam konstruierte Lebenswirklichkeit ins Wanken bringen. Betrachten wir sie wertneutral als Informanten aus einer nicht durch Logik zugänglichen Welt, die nichts weiter sein wollen als Wegweiser auf der Reise zu uns selbst. Ihr Unterbewusstsein sendet Impulse, die Sie drängen, Ihr Leben so lange umzugestalten, bis Sie sich vollständig und ganz fühlen, bis Sie Ihren Lebenssinn und Ihren persönlichen Frieden spüren.

Wenn wir es schaffen, diese wertvollen Informationen aus der psychischen Unterwelt zu entschlüsseln und zu verstehen, gelingt es uns, gemeinsame Sache mit dem Unterbewusstsein zu machen, anstatt dagegen anzukämpfen. Um diese Informationen entschlüsseln zu können, gehen wir der Frage nach, warum sie im Untergrund arbeiten.

Am besten lässt sich unser Dasein mit einer Art Pendel zwischen zwei Polen vergleichen. Genauso wie es hell und dunkel, stark und schwach, weiblich und männlich, warm und kalt, gesund und krank, wach und schlafend gibt, so bewegt sich auch unser Denken zwischen zwei Polen hin und her – einer logischen, digitalen und einer emotionalen, ganzheitlichen Seite. Im Laufe seines Lebens jedoch lernt ein Kind von Eltern, Kindergärtnerinnen und Lehrern und weiter als Erwachsener im Beruf, dass diese Polaritäten gesellschaftlich unterschiedlich bewertet werden. Diese Bewertungen werden als Muster abgespeichert. Hierzu ein paar Beispiele:

Denken zwischen zwei Polen

- Es ist wichtiger, logisch zu denken, als kreativ zu sein.
- Es ist besser, Stärke als Schwäche zu zeigen.
- Es ist gut, fleißig zu sein, und schlecht, nichts zu tun.

Dies führt zum Beispiel zu folgenden erwünschten Anpassungen und Verhaltensweisen:
- Indianerherz spürt keinen Schmerz. Das heißt, Jungen dürfen nicht weinen.
- Erst die Arbeit, dann das Vergnügen. Das heißt, eine Arbeit darf nicht unterbrochen werden.
- Beiß die Zähne zusammen! Das heißt, es muss weitergemacht werden, auch wenn es weh tut.

Nach wie vor ist es in Ordnung, wenn ein anonymer Workoholiker sieben Tage in der Woche vierzehn Stunden arbeitet. Der ist eben taff. Im Gegensatz dazu wird möglicherweise jemand, der pünktlich und vertragsgemäß nach acht Stunden nach Hause geht, als nicht leistungsorientierter

Einseitige Bewertungen

„Schlaffi" abgewertet. Derartige Bewertungen führen bereits frühzeitig dazu, dass aus Angst die natürliche Pendelbewegung in einer Richtung gebremst oder gar gestoppt und ins Unterbewusstsein abgedrängt wird. Grundsätzlich haben wir beide Pole in uns, doch das Verbieten des natürlichen Rhythmus beraubt uns unserer Ganzheit – dies kostet Energie. Zudem führen die durch Erziehung etablierten Bewertungssysteme dazu, dass der Einzelne versucht – oft gegen seine eigene Persönlichkeit –, gewissen Idealen zu entsprechen. Die Unterdrückung einer Seite, die zur Schattenseite erklärt wird – sozusagen das schwarze Schaf im Gehirn –, manifestiert sich dann als eine Störung der Ganzheit. Es fehlt der Ausgleich der Pendelbewegung.

Unsere Wahrnehmung fokussiert so lediglich antrainierte Attribute: die freundliche Sachbearbeiterin, den taffen Chef, die zickige Assistentin, den hilfsbereiten Pförtner, den harten Abteilungsleiter und so weiter. Ein Mensch wird nicht mehr ganzheitlich wahrgenommen, sondern lediglich als Summe von Eigenschaften eingestuft. Das ist gefährlich. Wenn wir uns weiterentwickeln wollen, geht es nicht um das Perfektionieren eines sozial erwünschten Verhaltens, sondern um ein uns selbst entsprechendes Sein.

Figur aus der Unterwelt: Angst
Angst gehört zu den Top-Ten-Figuren aus der Unterwelt. Ein auf den ersten Blick unangenehmer Genosse. Aber sehr hilfreich bei Veränderungen, wenn die Angst nicht vermieden oder bekämpft wird, sondern die Negativenergie in Kraft zum Handeln verwandelt werden kann. Angst dient ursprünglich dazu, uns in einer lebensbedrohlichen Situation durch Adrenalinausschüttungen für Flucht oder Kampf vorzubereiten. In vielen Fällen beruht Angst auf falschen Annahmen, die uns real erscheinen *(FEAR = false evidence appearing real)*. Wir machen uns selbst Druck. Daher ist es wichtig, klar zu unterscheiden: Ist die Angst begründet oder

die vermeintliche Interpretation eines Ereignisses, das wir mit Angst beantworten, obwohl die Situation eigentlich gar nicht schlimm ist? Als Differenzierungskriterium können Sie sich fragen, ob die Angst auslösende Situation unmittelbar Ihr Leben oder zumindest Ihre materielle Existenz bedroht oder nicht. Angst ist eine gute Richtschnur für die eigene Entwicklung, weil sie auf Defizite aufmerksam macht. Die Angst wird größer, wenn wir sie verdrängen oder bekämpfen wollen. Der Trick ist, dass Ängste, denen wir uns stellen, verschwinden. Hierzu braucht es Mut und Vertrauen.

In den letzten Jahren hat das Controlling in den Unternehmen eine immer größere Bedeutung bekommen. Controlling im Sinne von Kontrolle versucht, Dinge genau zu überprüfen und vorhersagbar zu machen – dahinter steckt Angst. Wenn wir Vertrauen hätten, bräuchten wir ja nichts zu kontrollieren. Je mehr kontrolliert wird, desto weniger Kreativität und Spontaneität ist möglich. Neue Möglichkeiten und Lösungen entstehen nur durch Mut und Vertrauen. Dabei ist Wagen mehr als das Vermeiden von Fehlern. In Deutschland sind wir nicht erst seit KAIZEN zur Null-Fehler-Gesellschaft erzogen worden. Bloß nichts falsch machen. Das Absichern mancher Vorhaben kostet mehr Zeit und Ressourcen als das Projekt selbst. Dabei liegt gerade in Fehlern ein großes Potenzial für die weitere Entwicklung (vgl. S. 77).

Angstbestimmt: umfassende Kontrolle

Figur aus der Unterwelt: mentale Verstrickung

Um einen großen Schritt in Richtung persönliche Weiterentwicklung gehen zu können, müssen wir lernen, unsere eigenen Strickmuster zu verstehen. Wie sind Sie gestrickt? Zwei links, zwei rechts, eine fallen lassen, oder anders? Wir müssen die Muster unseres Verhaltens erkennen, damit wir den roten Faden aufnehmen können, um uns neu auszurichten. Manchmal haben wir das Gefühl, als seien wir in unseren eigenen Strickmustern gefangen. Bisweilen erhalten diese sogar das Gewicht eines inneren Vertrages, der unbedingt erfüllt sein will. Das, was wir *tun*, und das, was wir *wollen*, stehen einander dann gegenüber wie sich abstoßende Pole, sodass unser *Können* gelähmt ist und wir in einer Duldungsstarre verharren. So können bestimmte Problemlagen zu stereotypem Verhalten führen. Bei manchen Menschen taucht solches Verhalten als Lebens-Dauerbrenner immer wieder auf und wiederholt sich regelmäßig.

Beispiel: Kommunikationsprobleme
Norbert Birner ist ein introvertierter, sensibler und detailverliebter Jurist. Nach einem Prädikatsexamen arbeitet er sechs Monate in einer international renommierten Anwaltskanzlei. Dann kündigt er, weil ihm das Klima und der Umgangston zu rau sind. Er sagt, dass er dort eine emotionale Ohrfeige nach der anderen bekommen habe. Danach wechselt er in eine Unternehmensberatung, wo er mehr Offenheit erwartet. In diesem Umfeld hält er knapp zwei Jahre durch, wie er es selbst ausdrückt. Er verlässt die Stelle, weil er immer wieder Probleme mit seinen Kollegen hat. Die verbalen Nackenschläge hinterlassen tiefe Wunden. Ein erneuter Firmenwechsel scheint die Lösung für die Probleme des ehrgeizigen jungen Anwalts. Das Vorstellungsgespräch verläuft sehr gut und nach der Zusage zieht Norbert Birner nach München. Bei der neuen Firma – ebenfalls eine Unternehmensberatung – fühlt er sich in den ersten sieben Monaten sehr wohl. Danach wird er jedoch von Kollegen gemobbt. Dieser Zustand emotionaler Folter ist für ihn derartig unerträglich, dass er sich erst krankschreiben lässt – dann aber selbst kündigt. Sein innigster Wunsch ist es jetzt, weitere Traumata zu vermeiden.

Das Thema der Lebens-Oper erkennen
In Bayreuth werden jedes Jahr die Wagner-Opern aufgeführt – jedes Jahr neu und anders inszeniert. Die Musik ist immer die gleiche. Stellen Sie sich vor, das Leben wäre eine Oper und Sie betrachteten und hörten es aus der Perspektive des Zuschauers. Sie sehen Ihr eigenes Leben aus einem gewissen Abstand. Kostüme, Aufbauten, Musik, Lichteffekte und die Schauspieler in Ihrer persönlichen Lebens-Oper sind bei

einem Berufs-, Wohnort-, Partner- oder Firmenwechsel andere, das Thema der Oper ist inhaltlich aber immer das gleiche. Wenn Sie das wiederkehrende Thema der Oper verstehen, werden Sie sich selbst erkennen und verändern können. Viele jedoch ziehen immer wieder um, suchen sich neue Arbeitsplätze oder neue Partner, in der Hoffnung, dass sie das Konfliktthema abstellen können, ohne zu berücksichtigen, dass sie sich selbst und ihre Operninszenierung immer mitnehmen. Das Drama wird sich wiederholen – in neuer Inszenierung. Wir können nicht vor uns selbst fliehen. So ergeht es Norbert Birner.

Kennen Sie auch Dinge in Ihrem Leben, die sich immer wiederholt und Ihnen das Leben schwer gemacht haben? Beispiele könnten sein:
- sich wiederholende Missverständnisse,
- wiederkehrende Aggressionen von außen,
- Mobbing Ihnen gegenüber.

Welche Problem-Dauerbrenner ziehen sich wie ein roter Faden durch Ihr Leben? Wo sind Ihnen diese wann begegnet? **Übung**

_____

_____

Letztlich geht es darum, die eigene Kernbotschaft zu entschlüsseln – die Verstrickungen aufzudecken und eine neue Kernbotschaft zu formulieren.

Denk-Mal: Anstatt die alte Oper Ihres Lebens neu zu inszenieren, können Sie sich ein weiteres Drama ersparen, indem Sie eine neue Oper komponieren.

Schritt 2: Hindernisse – Hürden erkennen und überwinden

Die Gefahr der Versuchung und die Kunst, Nein zu sagen

*„Ich glaube an die Welt wie an ein Tausendschönchen,
weil ich sie sehe. Aber ich denke nicht nach über sie,
denn Denken heißt nicht-verstehen …
Die Welt wurde nicht geschaffen, damit wir über sie
nachdenken, sondern damit wir sie ansehen
und im Einklang sind mit ihr."*

Alberto Caeiro (portugiesischer Poet und Schriftsteller)

Kurzfristige Ablenkungen Versuchungen und Ablenkungen belauern uns überall auf dem Weg zu unseren Zielen – und versprechen kurzfristigen Genuss oder die Befriedigung, ein guter, weil pflichtbewusster und hilfsbereiter Mensch zu sein. Die Macht der schnellen Versuchung ist groß – riesengroß. Kurzfristige Ablenkungen jedoch bringen Sie von Ihrem langfristigen Ziel der Veränderung ab. Viele handeln – insbesondere in Stresssituationen – eher emotional als rational. Schnell wird dem honigsüßen Genuss einer Praline nachgegeben, und das Diätprogramm verblasst. Das Gemeine daran: Das langfristige Ziel ist ein rationales. Die Versuchung jedoch ist an Stimmungen und Gefühle geknüpft – also hochgradig emotional. In Anbetracht dieses Dilemmas zerbröseln so manche Veränderungsprozesse wie Chips auf der Zunge. Zusätzlich wirkt die Macht der Gewohnheit.

Zu viele Aufgaben Nicht nur Genuss lenkt ab. Viele verzetteln sich auch, weil es zu ihren Glaubenssätzen (vgl. S. 23 ff.) gehört, sich selbst stets zurückzunehmen und immer für andere da zu sein. Oder weil sie meinen, umso wichtiger zu sein, je mehr sie zu tun haben. Wer nicht Nein sagen kann, trägt ein anderer ihm eine Bitte oder eine Aufgabe an, der läuft Gefahr, das eigene Leben zu verpassen.

Lieselotte Hirche hat oft Migräne. Immer, wenn ihr die Arbeit zu viel wird, steigt ihr Körper aus. Dies ist die einzige Möglichkeit für sie, sich vor dem Ertrinken in den sie überwältigenden Wellen an Arbeit zu retten – oder zumindest eine kleine Verschnaufpause zu bekommen. Für Lieselotte Hirche scheint dies der einzig mögliche Weg zu sein, der von der Gesellschaft und von ihrer Firma akzeptiert wird. Wenn sie krank ist, sind alle freundlich zu ihr und sorgen sich um sie – dann kommen E-Mails, dass sie sich schonen und erst wieder zur Arbeit kommen solle, wenn sie wieder voll auf dem Damm ist.

Beispiel: Flucht in Krankheit

Doch damit ist sie auf dem Holzweg. Das Hindernis Migräne bringt Lieselotte Hirche einen Gewinn durch die Auszeit von ein paar Tagen. Die Lösung hieße, sich eine Auszeit zu nehmen ohne Migräne – zwischendurch Zeit für sich selbst zu haben. Hierzu bedarf es manchmal nur eines klar ausgesprochenen Nein. Lieselotte Hirche muss lernen, sich besser abzugrenzen und rechtzeitig zu merken, wann es ihr zu viel wird. So kann sie proaktiv und eigenverantwortlich dafür sorgen, dass sie gar keine Migräne bekommt.

Versuchungen und Ablenkungen warten an den unterschiedlichsten Stellen. Lassen Sie sich nicht ablenken, wenn Sie konsequent auf ein Ziel zugehen,
- von der Verführung, in der Besprechung einen Keks zu naschen, wenn Sie auf Diät sind,
- von den Versuchungen des Internets, wenn Sie konzentriert an einem Projekt arbeiten,
- von der Versuchung, jede E-Mail sofort zu beantworten, nur weil diese gerade in Ihrer Inbox als neu angezeigt wird,
- von der Verlockung, immer ans Telefon zu gehen, nur weil es klingelt,
- vom Reiz, zu jeder Besprechung zu gehen, nur weil Sie eingeladen sind,
- von der Versuchung, eine Zusatzaufgabe zu übernehmen, nur weil sich niemand anderes dafür findet.

Ablenkungen kosten Energie, Zeit und Engagement, die Ihnen geraubt werden und die Sie besser für die Zielerreichung verwenden könnten. *„Und führe uns nicht in Versuchung, sondern erlöse uns von dem Bösen"* – so heißt es im Vaterunser. Das beste Mittel gegen derartige Ablenkungsmanöver ist, dass Sie alle wissen lassen, was Sie davon halten. Sagen Sie klipp und klar Nein zu den Dingen, die Sie von Ihren Zielen ablenken.

Übung Was sind Ihre Versuchungen?

___

___

___

Denk-Mal: Lieber Leuchtspur als Standspur.

Probleme und Konflikte als Spiel- und Lernfelder des Lebens

„Wir haben es ständig mit großartigen Gelegenheiten zu tun, die ganz brillant als unlösbare Probleme verkleidet sind."

JOHN GARDNER (US-AMERIKANISCHER AUTOR)

Probleme als Hinweise Viele betrachten Probleme als lästige Einrichtungen des Lebens, die uns davon abhalten, einen entspannten Tag zu haben. Oftmals sind Probleme jedoch Hinweise, dass wir uns selbst noch nicht gefolgt sind und einen anderen Weg als den eigenen gehen. Das Spannende an Problemen ist, dass sie den Schlüssel zur Lösung bereits in sich tragen. Wir dürfen jedes

Problem eigentlich als ein Geschenk auffassen, das uns ein Stückchen weiter zu unserer eigenen Kernkompetenz und Authentizität bringt.

Konflikte sind eine Variante von Problemen und ebenfalls hervorragende Lernfelder der eigenen Weiterentwicklung. Probleme und Konflikte können Sie anspornen, wenn Sie die Herausforderung annehmen und die Ihnen übermittelte Information verstehen. Mit ein wenig kreativer Kraft und dem zündenden Funken können Sie die negative Belastung in eine Entwicklungschance verwandeln.

Konflikte als Lernfelder

Überhaupt: Die meisten Probleme sind selbst gemacht. Die allermeisten Probleme erledigen sich durch *Nix-Tun* – von selbst. Sie können sich im Leben frei entscheiden, ob Sie einen schweren Leidensweg einschlagen oder einen erfüllenden, leichten Weg. Die Antwort können Sie sich selbst geben.

Apropos: Fehler sind Entwicklungshelfer und Lernfelder im Leben. Nicht mehr und nicht weniger. Ständig müssen wir uns entscheiden, was wir im nächsten Moment tun. Dabei entscheiden wir uns für die eine und gegen die andere Alternative, und manchmal bereuen wir die Entscheidung hinterher. Wenn ein Leidensdruck existiert – zum Beispiel bei einer Erkrankung – kann es sein, dass *Not-wendige* Veränderung leichter umgesetzt wird. Die *Not* bewirkt dann die *Wende* im Leben.

Fehler als Entwicklungshelfer

Denk-Mal: Fehler sind Bausteine, keine Stolpersteine.

Auf den Punkt gebracht

Durch einen Energie-Check können Sie herausfinden, wie Sie Ihre Energie-Einnahmen steigern und die Energie-Ausgaben verringern und so auf ein optimales Energieniveau gelangen. Indem Sie Ihre Gepflogenheiten und Gewohnheiten analysieren, schaffen Sie die Voraussetzungen für eine Neuprogrammierung, um eigenverantwortlich Ihren Weg zu gehen. Wenn Sie Kontakt zu Ihrer psychischen Unterwelt, Ihrem Unterbewusstsein aufnehmen, erfahren Sie mehr über Ihre Ängste und Ihre mentalen Verstrickungen – und lernen, mit ihnen umzugehen. Negative Dinge haben viel Gutes: Wenn wir das negative Vorzeichen weglassen, können wir die frei werdende positive Energie sinnvoll nutzen. Lassen Sie sich nicht durch Versuchungen am Wegesrand von Ihrem Ziel abbringen und verzetteln Sie sich nicht, sondern sagen Sie klipp und klar Nein zu Dingen, die Sie vom Wesentlichen abhalten. Lernen Sie aus Problemen und Fehlern. Sie sind hervorragende Entwicklungshelfer auf dem Wege der Weiterentwicklung.

Schritt 3:
Self-Empowerment – Handbremse lösen und in Aktion kommen

"Wir sehen entweder den Schmutz auf der Fensterscheibe oder die Dinge, die jenseits der Fensterscheibe liegen, niemals jedoch die Fensterscheibe selbst."

SIMONE WEIL (FRANZÖSISCHE PHILOSOPHIN)

Wir haben es verlernt, uns auf uns selbst einzulassen und den eigenen Talenten und Potenzialen zu vertrauen. Erziehungsbedingte Rollen und übernommene Normen, an denen wir uns ängstlich festklammern, prägen uns. „Ich bin zu fett"; „Das lerne ich nie"; „Keiner mag mich." – Wer so wenig von sich hält, für den wird jeder Tag zum Selbstwertdrama. Wichtig ist daher, dass wir unsere (ur-)eigene Lebenskraft zurückerhalten, die uns abhanden gekommen ist.

Self-Empowerment ist der Weg in die Handlungsfähigkeit. **Ins Handeln** Power ist das, was Menschen zum Handeln bewegt. Durch **kommen** Energie und Power geschieht Veränderung. Personale Autorität (Wissen, Fähigkeit, Verstehen, Mensch-Sein) und Verantwortung (Verbindlichkeit, Wille, Entschlossenheit, Verpflichtung) verleihen der Power eine Gestalt, die von Organisationstheoretikern *inspired performance* genannt wird. Dies meint, dass eine Handlung aus einem inneren, persönlichen und positiven Antrieb erfolgt. Diese Transformationskraft fußt auf einer individuellen Vision. Durch das Empowerment können Sie jenseits der vorgeschriebenen Wege Ihre eigenen kreativen Quellen und eine neue Perspektive für Ihr Leben entdecken.

Verantwortung übernehmen

Wir haben es auch verlernt, die Verantwortung für unser Leben zu übernehmen. Verantwortung heißt „Antwort geben". Jede Beziehung beruht auf Antwortfähigkeit. Verantwortliches Handeln hat stets eine absichtsvolle Richtung. Diese ist uns zumeist verloren gegangen. Während der Ausbildung werden Menschen zwar auf Karrieren, nicht aber auf ihren individuellen Weg vorbereitet. Was bedeutet jedoch eine Tätigkeit nach vorgegebenem Muster, wenn sie ohne Freude und Hingabe ausgeführt wird? Es geht um ein *erfülltes* und nicht um ein *angefülltes* Leben. Es geht um das, was Sie aus vollem Herzen machen wollen. Es geht nicht um funktionieren, sondern um ein selbst bestimmtes Leben in Selbstverantwortung und Selbstermächtigung *(Self-Empowerment)*. Jedoch: Ist solche Selbstermächtigung möglich?

Beispiel: Veränderung hält nicht an

Der ehrgeizige Geschäftsführer eines mittelständischen Unternehmens kommt völlig ausgelaugt und hektisch in die Coaching-Stunde. – Danach beschwört er große Veränderungen, ist enthusiastisch, schreibt SMS aus aller Welt, wie fantastisch es ihm gehe – bis er drei Monate später wieder vollkommen überlastet und hilfesuchend ins Coaching kommt.

Wieso fallen nachhaltige Veränderungen so schwer? Ist es so, dass wir uns nicht wirklich ändern können? Sybillinisch könnte man antworten: „Es kommt darauf an." Klar kommt es darauf an – die Frage ist, auf was *ES* ankommt und was *ES* ist. Darauf könnte *ES* ankommen:

Voraussetzungen für Veränderung

- den wirklichen innersten Wunsch,
- die Not, sich verändern zu müssen,

- eine drohende Gefahr,
- eine schlimme Erkrankung,
- einen Unfall,
- eine Trennung,
- eine Kündigung,
- die richtige Zeit,
- den richtige Ort,
- die richtigen Leute,
- die richtige Motivation,
- das Durchhaltevermögen,
- ein Abkommen mit dem inneren Schweinehund,
- die richtigen Partner, die begleiten,
- eine klare Zeitplanung,
- ein gutes Projektmanagement,
- klare Ziele (realistisch, messbar und kontrollierbar).

Der Wille ist die treibende Kraft für Veränderung (vgl. S. 19). Grundsätzlich ist Ihre Motivation entscheidend. Ihr Wille geschehe! Niemand wird sich gegen seinen eigenen Willen verändern. Der Raucher, der zwar sagt, dass er mit dem Rauchen aufhören wolle, schafft es nicht, wenn er es nicht im tiefsten Inneren wirklich will. Studien belegen den Erfolg von Ohrakupunktur bei Rauchern. Aber nur in den Fällen, in denen Raucher wirklich zum Nichtraucher werden wollen.

Entscheidend: die Willenskraft

Denk-Mal: Wenn wir es *wirklich* wollen, ist fast alles möglich.

Die Schaltkreise im Kopf neu programmieren

„Jede neue Generation braucht eine neue Revolution."

Thomas Jefferson (3. Präsident der USA)

Einstellungen und Motive Wenn Sie sich selbst oder andere motivieren wollen, können Sie an Einstellungen und an Motiven ansetzen. Beide steuern Verhalten. Unsere Einstellungen sind dauerhaft und beziehen sich eher auf konkrete Dimensionen, etwa Haltungen zu gesellschaftlichen Fragen. Motive hingegen entstehen häufig aus einer Art Mangelsituation, zum Beispiel dem Mangel an Anerkennung. Ihre Befriedigung kann durch unterschiedliche Lösungen erfolgen. Wenn wir uns Ziele setzen, so sind diese meist bewusst und kognitiv. Motive sind eher emotional und affektiv und nicht immer bewusst. Sie wollen unmittelbar gestillt werden. Dies heißt, dass Ihre Ziele nicht mit Ihren Motiven übereinstimmen müssen. Harte Disziplin führt noch lange nicht zum Erfolg, wenn die Motivatoren nicht auch auf das Ziel ausgerichtet sind.

Sie können sehr wohl Ihre alten Muster überschreiben und Neues trainieren. Dies bedeutet aber ein Verlassen der gemütlichen Lebenskomfortzone. Wie bei einer Desensibilisierung in der Behandlung von Allergikern bedarf es eines Stimulans von außen. Dieser Stimulans stört das bisher eingeschliffene Verhaltensmuster und bereitet es auf eine Neuprogrammierung vor, damit das alte Verhalten durch ein neues ersetzt werden kann. Die Neuprogrammierung des Verhaltens funktioniert dadurch, dass ein neues Muster ausprobiert und immer wieder trainiert und durch Lob oder eine gute Lernerfahrung positiv verstärkt wird – sodass sich diese neue Reaktionsweise einschleifen und im Verhaltensrepertoire festigen kann. Der Absprung aus alten Mustern erfordert Präzision und auch Mut. Stellen Sie sich vor, wie Sie als Kind das erste Mal vom 3-Meter-Brett eines Schwimmbads gesprungen sind. Wie war das? Möglicherweise hatten Sie Angst – und haben es dennoch gemacht. Auf jeden Fall war es eine neue und ungewohnte Erfahrung. Und es hat Ihre Grenzen erweitert.

Sie kennen mittlerweile den Unterschied zwischen den Dingen, die Sie beeinflussen können, und denjenigen, die Sie nicht ändern können. Bei der Überlegung, wie Sie Hindernisse zur Weiterentwicklung überwinden, etwa alte Gewohnheiten ablegen können, ist es wichtig, sich den versteckten Gewinn bewusst zu machen, den Ihnen das Hindernis bietet. Später werden Sie Wege entdecken, wie Sie den Gewinn „mitnehmen" können, ohne über das Hindernis laufen zu müssen – sozusagen anstrengungsfrei erfolgreich werden. Hierzu können Sie ganz gezielt Ressourcen aktivieren.

Kommen wir noch einmal auf das Beispiel von Lieselotte Hirche zurück (vgl. Seite 75), die immer dann Migräne bekommt, wenn ihr die Arbeit zu viel wird. Sie braucht eine Neuorientierung. Sie muss sich darüber klar werden, dass sie die Menge an Arbeit oder die beruflichen Umstände nicht ändern kann – auch wenn sie dies wütend macht –, sehr wohl aber ihre Einstellung, mit viel Arbeit umzugehen.

Beispiel: Verhalten umprogrammieren

Wut bedeutet Handlungsenergie im Stau. Lieselotte Hirche kann ihrem Druck nicht freien Lauf lassen und bekommt Migräne, wenn der Druck oder ihre Wut zu groß werden. Sie braucht Klarheit darüber, was der versteckte Gewinn der Migräne ist. Mögliche versteckte Gewinne könnten sein,
- *dass sie Mitleid oder Zuneigung der Kollegen erfährt, die sie im Managementalltag sonst nicht erhält,*
- *dass sie einfach mal eine Pause machen kann,*
- *dass sie aus dem Wunsch heraus, bei allen beliebt zu sein, jedem Konflikt aus dem Wege geht.*

Wichtig ist, dass Lieselotte Hirche authentisch bleibt und sofort äußert, wenn etwas von ihr erwartet wird, das sie nicht zusätzlich leisten kann. Anstatt Ärger in sich hineinzufressen, sollte sie besser ein neues Verhaltensmuster ausprobieren. Jedes Mal, wenn sie merkt, dass sie eine zusätzliche Arbeit bekommt, von der sie weiß, dass sie sie nicht schaffen kann, könnte sie Folgendes sagen:

- *„Ich sehe, wie wichtig diese Arbeit ist – wir müssen uns jetzt darüber Gedanken machen, wer die andere Aufgabe übernimmt, damit der Zeitplan für das Projekt Qualitätsmanagement eingehalten wird."*
- *„Das Projekt Qualitätsmanagement hat die höchste Priorität – um die Zeitplanung nicht zu gefährden, muss die neue Aufgabe jemand anderes übernehmen oder wir müssen die Prioritäten ändern. Das hätte zur Folge, dass der Zeitplan für das Projekt Qualitätsmanagement nicht eingehalten werden kann."*

Damit zeigt Lieselote Hirche proaktiv Lösungswege, ohne in eine hilflose Opferrolle zu geraten. Sie macht sich sofort Luft und spricht Konflikte und Auswirkungen gezielt an. Durch das neue Verhalten erweitert sie ihre Grenzen und merkt, dass sie sich gar nicht zu verbiegen braucht. Ihre Kollegen werden diese authentische Verhaltensweise achten. Es ist immer besser, klipp und klar zu sagen, was man will und was nicht, anstatt etwas missmutig zu tun, was man eigentlich ablehnt – nur aus Angst oder um anderen zu gefallen.

Die Energie fließen lassen

Es wäre ein grobe Unterlassung, aus dem eigenen Leben nicht das zu machen, was Sie aus ihm machen könnten – wenn Sie es wollen. Dazu brauchen Sie nur ein wenig aktiv zu werden. Das Leben will Bewegung. Beweglichkeit bedeutet Lebendigkeit. Bewegungslosigkeit führt zur Stase, zur Stagnation – bis zum Infarkt. Wenn die Energie in unserem Körper nicht mehr fließen kann, kommt es zu Schmerzen. Schmerz ist der Schrei des Gewebes nach Fließenergie. Daher werden in der traditionellen chinesischen Medizin durch das Nadeln von speziellen Punkten auf Energieleitbahnen des Körpers Energieblockaden gelöst, damit die Energie weiter frei und ungehindert fließen kann und der Schmerz verschwindet. Sorgen Sie dafür, dass Ihre Lebensenergie fließen kann und Sie mit ihr, denn die Veränderung ist die einzige Konstante.

Das erfolgreiche Erreichen Ihrer Ziele hängt von Ihrer Vorstellungskraft ab – der konkreten Visualisierung. Häufig wird der Wille nicht in die Tat umgesetzt, wenn wir uns das Ziel nicht wirklich bildlich vorstellen können. Im Schritt 1 haben wir festgestellt: Wenn es einen Realitätssinn gibt, muss es auch einen Möglichkeitssinn geben. Lassen Sie Kreativität zu. Wenn Sie die herkömmlichen analytischen Linearitätsmuster durch das Öffnen eines schöpferischen Winkels verlassen, werden Sie Ihre Kollegen und Vorgesetzten möglicherweise überraschen, sie mit einem kreativen Ergebnis völlig verblüffen.

Dazu wollen wir ein paar Lockerungsübungen für die eingerosteten Hirnwindungen machen. Dies ist auch hervorragend, um sich aus lähmender Routine und den Fängen der eigenen Denk- und Gefühlsschablonen zu lösen und die blockierte Energie wieder ins Fließen zu bringen.

Überdenken Sie Ihr bisheriges Arbeitsleben: **Übung**
- Wird Ihnen in der Firma/Organisation ein Umfeld geschaffen, in dem Sie sich „austoben" können?
- Können Sie einen Sprung nach vorn machen und wirklich Neues ausprobieren?
- Ist Ihre Arbeit ein Spielplatz der Neugierde?
- Was ist Ihr größter Wunsch bezüglich Ihrer Arbeit?

Alte Überzeugungen infrage zu stellen, bedeutet eine *Re-Vision* unseres Bewusstseins und der bisherigen Einstellung. Als Resultat wird eine neue Vision entstehen. Diese wird, wie **Kreatives Chaos zulassen** immer sie auch aussehen mag, besser sein als jedwede Tele-Vision. Ziel muss es sein, Kreativität mit den vorhandenen Ressourcen so zu verbinden, dass etwas Außerordentliches entstehen kann. Dazu machen Sie eine schmale Gratwanderung zwischen bürokratischer Verkrustung und kreativem Chaos. Öffnen Sie sich für das Neue und lassen Sie Unordnung als kreativen Prozess zu. Die Welt ist aus dem Chaos entstanden, und das Ergebnis kann sich doch sehen lassen!

Um die Handbremse zu lösen, die Ihre Entwicklung blockiert, helfen *Warum-Fragen* wenig, da sie vergangenheitsorientiert sind. Ziel- und lösungsorientiert sind hingegen *Wie-Fragen*. Anstatt „Warum macht mir der Job keinen Spaß?" könnten Sie sich fragen: „Wie komme ich an den Job, der mir am meisten Spaß macht?"

Denk-Mal: Everybody's darling is everybody's fool.

Den optimalen Rahmen und die richtige Nische finden

*„Der erste Vogel frisst den Wurm.
Der erste Wurm wird gefressen."*
NORMAN R. AUGUSTINE
(US-AMERIKANISCHER MANAGER)

Beleuchten wir auf dem Wege zum Self-Empowerment nun Ihre beruflichen Rahmenbedingungen: Was ist für Sie persönlich der richtige Rahmen?

Den optimalen Rahmen und die richtige Nische finden

Wie können Sie am besten arbeiten?		**Rahmen-bedingungen**
Klare Vorgaben	Umschriebene Rahmenbedingungen	keine Vorgaben

Sehen Sie sich die drei Abbildungen an. Sie stehen für drei unterschiedliche persönliche Arbeitsumgebungen. Das innere Rechteck steht für das Arbeitsfeld, das äußere Rechteck entspricht den Rahmenbedingungen, in denen Sie arbeiten. Welche der drei Abbildungen beschreibt am besten Ihre Situation? Nehmen Sie einen schwarzen Stift und malen Sie ein Rechteck auf ein leeres DIN-A4-Blatt, das Ihr Arbeitsfeld charakterisiert. Malen Sie jetzt mit einem grünen Stift ein zweites Rechteck um Ihr erstes Rechteck, welches Ihre optimalen Rahmenbedingungen darstellt, unter denen Sie sich voll entfalten können. Malen Sie jetzt mit einem roten Stift die Rahmenbedingungen in Ihrer momentanen Berufssituation auf. Sind das rote und das grüne Rechteck deckungsgleich oder ist eines der beiden größer?

Übung

Wie wollen Sie in Zukunft arbeiten? Ist der Rahmen weit (genug) gesteckt – Sie wissen ganz genau, was zu tun ist, es gibt lediglich ein paar Rahmenbedingungen, die einzuhalten sind? Oder ziehen Sie einen engen Rahmen mit ganz klaren Vorgaben vor?

Im Sinne der eigenen Weiterentwicklung sollten Sie genau prüfen, was Sie aus der Vergangenheit mit in die Zukunft nehmen wollen. Wer überholte Familienrituale, Traditionen, eingefleischte Gewohnheiten und Erziehungsparolen in Ehren hält, weil sie bisher immer so gelebt wurden, zeigt mit seinem Verhalten lediglich eines: dass er ein guter alter Narr ist. So manche Regel ist eher eine Entwicklungsbremse Ihres Self-Empowerments als ein kreativer Entwicklungsmotor.

Die persönliche Nische
Suchen Sie sich gemäß Ihrer Talente, Potenziale und Wünsche eine Nische, in der Sie der (für Sie) Beste werden. Suchen Sie sich einen Mentor oder Sponsor und liefern Sie in der Arbeit Spitzenqualität ab. Außerdem sollten Sie sich genaue Gedanken darüber machen, welches Ihre Kundenzielgruppe ist.

Beispiel: Gesundheitsökonomie
Ein ehemaliger Mitarbeiter von mir hat seine berufliche Erfüllung gefunden: Er hat in München eine Firma eröffnet, in der er für Pharmakonzerne Modelle für chronische Erkrankungen berechnet. Er hat dabei seine Kernkompetenzen aus den Bereichen Medizin, Ökonomie, Qualitätsmanagement, Informatik und Wissenschaft gebündelt. Heute ist er einer der Top-Player im Bereich der Gesundheitsökonomie und hat so sehr erfolgreich seine Nische gefunden.

Die individuelle Schrittlänge
Die Schrittlänge eines jeden von uns ist individuell – und damit individuell verschieden. Nehmen Sie Ihre Bedürfnisse ernst und stellen Sie Ihr Leben auf Ihre Potenziale und Motive, auf Ihre Schrittlänge ein. Die Nuance abseits der gleichförmigen Normalität gibt den Ausschlag für die Weiterentwicklung. Wenn das Wollen und das Können in perfekter Harmonie stehen, lässt sich (fast) jedes Ziel verwirklichen. Dies geht allerdings nur mit dem Engagement, das es verdient – dem ganzen Engagement, das Sie geben können. Wenn Sie beginnen, Ihre Handbremse zu lösen, bedenken Sie, dass alles seine Zeit braucht – so auch Veränderungen. Seien Sie nicht enttäuscht, wenn nicht gleich alles so klappt, wie Sie es sich wünschen. Wichtig ist, dass Sie den Jetzt-

Zustand akzeptieren – so wie er ist –, diesen ganz und gar annehmen, bevor Sie zu Neuem aufbrechen. Kämpfen Sie nicht gegen sich selbst an.

Denk-Mal: Ersetzen Sie die Tele-Vision durch eigene Visionen und finden Sie Ihre ganz persönliche Nische.

Auf den Punkt gebracht

Wenn Sie die persönliche Verantwortung für all Ihr Tun, für Ihr Leben übernehmen, stärken Sie Ihre Handlungskraft. Ihr Wille ist der Antrieb zum Handeln. Der Geist (Wollen) gibt die Richtung, in die Kraft, Potenziale und Talente (Können) gelenkt werden. Das setzt Wählen und (Los-)Lassen voraus. Handeln ist die außen sichtbare Wirkung von Empowerment und die Fähigkeit, den eigenen Lebensweg proaktiv zu gestalten. Denken Sie in kreativen Möglichkeiten, anstatt im linearen Problemlösungsdenken zu verharren. Lassen Sie sich auf Neues ein. Anstatt Fehler zu vermeiden, probieren Sie Neues fehlerfroh mit frischem Mut aus. Indem Sie Ihre Komfortzone verlassen, entwickeln Sie die Fähigkeit, Ihre Lebensmuster neu zu programmieren. Wenn Sie den versteckten Gewinn Ihrer bisherigen Lebenshindernisse erkennen und verstehen, können Sie Wege finden, anstrengungsfrei und erfolgreich in Richtung Ziel zu gehen. Die Revision Ihres Arbeitslebens ist ein wichtiger Schritt auf dem Weg zur Selbstentfaltung. Machen Sie sich klar, was Sie in Zukunft nicht mehr wollen und wofür Sie von Herzen brennen. Schaffen Sie sich Ihre eigenen beruflichen Rahmenbedingungen und suchen Sie sich eine Nische, in der Sie sich mit Spaß ausdrücken und ausleben können.

Schritt 4: Das tägliche Inspirations- und Praxis-Programm (TIPP) für 9 $^{1}/_{2}$ Wochen

„*Spring – und das Netz wird erscheinen.*"

JULIA CAMERON (US-AMERIKANISCHE
SCHRIFTSTELLERIN UND SEMINARLEITERIN)

Aus Ihren kreativen Ideen wird jetzt in 9 $^{1}/_{2}$ Wochen schöpferisches Handeln im Möglichkeitsspiel(t)raum. Sie haben sich in den letzten Kapiteln vielleicht von einer neuen Seite kennen gelernt und können nun in einem visionsbasierten Trainingsprogramm die Konsequenzen für Ihre Weiterentwicklung ziehen. Das heißt, nicht länger zu zögern oder zu überlegen, wie Sie es machen könnten, sondern in Selbstverantwortung das umzusetzen, was Sie wirklich wollen. Auf der Basis Ihrer Lebensvision werden Sie Ihre Ziele definieren und sich dann mit klaren Vorstellungen und Werten im Gepäck auf Ihren neuen Weg machen. Es geht um die Erfüllung Ihrer Träume. Sie werden sehen, das, was Ihnen wirklich entspricht, geht leicht. Es kostet keine Kraft oder Anstrengung. Alles, was schwer geht, ist letztlich falsch. Überlassen Sie anderen die Dinge, die Ihnen nicht liegen, Ihnen keinen Spaß machen oder schwer und zäh von der Hand gehen.

Schritt 4: Das tägliche Inspirations- und Praxis-Programm (TIPP)

Viele träumen nur davon, das zu tun, was sie machen möchten, tun es aber nicht – manche nie. So verpuffen Zeit und Energie – ohne, dass sie den ersten Schritt in Richtung der Veränderung gehen. Es ist gut, einfach anzufangen.

Zur Umsetzung gelangen

Wie ist der 9 $^1/_2$-Wochen-Plan aufgebaut?

In 9 $^1/_2$ Wochen werden Sie den Möglichkeitsraum schreibend betreten und Ihre persönlichen Veränderungen praktisch umsetzen. Warum 9 $^1/_2$ Wochen? Sechzig Tage sind ungefähr ein Sechstel des Jahres und entsprechen zwei Monaten. Aus Erfahrungen im Projektmanagement ist eine solche Zeitspanne gut plan- und überschaubar.

Sie können mit sich selbst in einen aktiven Dialog treten, indem Sie Ihrer inneren Stimme Gehör verleihen und das Gehörte aufschreiben – in Ihrem Change-Notebook. Dabei geht es weniger um stilistisch oder grammatikalisch korrekte Sätze, sondern einfach um die Wiedergabe dessen, was Ihnen spontan an Antworten einfällt, wenn Sie sich mit den folgenden Themen beschäftigen. Schon das Aufschreiben ist etwas Wunderbares – kann Veränderungen hervorbringen. Ich persönlich schreibe mit einem schönen Füllfederhalter – das mag altmodisch anmuten, aber es macht mir mehr Spaß, als auf Plastiktasten einer Computertastatur zu tippen. Zücken Sie Ihr Change-Notebook und nehmen Sie sich täglich 30 bis 45 Minuten Zeit – nur für sich ganz allein. Überlegen Sie, welche Tageszeit dafür optimal ist. Es wäre schön, wenn Sie die Übungen dann machten, wenn Sie noch wach und energiegeladen sind und nicht erst nach einem anstrengenden Arbeitstag. Die 9 $^1/_2$ Wochen sollen Sie inspirieren, Ihren Möglichkeits(t)raum zu erkunden, sollen den Prozess Ihrer Weiterentwicklung anstoßen. Da hier einerseits die Inspiration und auf der anderen Seite auch die Umsetzung in die Praxis eine große Rolle spielen, habe ich den 9 $^1/_2$-Wochen-Prozess **TIPP** – *Tägliches Inspirations- und Praxis-Programm* – genannt.

Worum es geht

Schritt 4: Das tägliche Inspirations- und Praxis-Programm (TIPP)

Wie Sie vorgehen Ihr tägliches *TIPP* für die kommenden 9 ½ Wochen ist nach folgendem Schema aufgebaut:
- Das *TIPP*-Thema der Woche wird im Text – teilweise mit Fallbeispielen – vorgestellt.
- Ein *TIPP*-Symbol wird eingeführt – sozusagen als Bewusstseinsanspitzer zum Thema der Woche.
- Zur Einstimmung in den Tag gibt es das *TIPP*-Starter-Kit.
- Es folgen eine oder mehrere *TIPP*-Übungen.
- *TIPP*-Affirmationen unterstützen Sie dabei, die Thematik zu festigen.
- Am Abend dürfen Sie mit dem *TIPP*-Tages-Resümee Bilanz ziehen, wie Sie sich mit dem Thema beschäftigt haben, welche Reaktionen sich bei Ihnen eingestellt und wie Sie diese erlebt haben.

 Denk-Mal: Ein Ziel ist nur ein Traum, wenn kein Datum der Umsetzung damit verbunden ist.

Die 1. Woche:
Von der Kernkompetenz zum Ziel

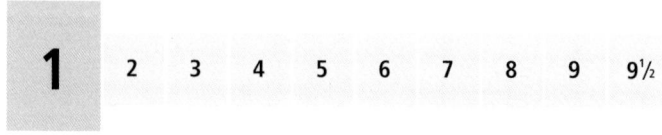

„Wenn du etwas wirklich willst, werden alle Märchen wahr."

THEODOR HERZL (ÖSTERREICHISCHER SCHRIFTSTELLER)

TIPP-**Thema der Woche:**
Ihre Aufgabe ist es, in völligem Einklang mit der Welt und sich selbst das tiefe innere Glück zu finden. In dieser Woche geht es um Ihre Vision von Glück und Erfolg, um das Vorstellen und Aufspüren Ihrer Ziele.

TIPP-Symbol:
Das vierblättrige Kleeblatt.

TIPP-Starter-Kit:
Was ist für mich Glück?

Die Vision – Ihre Zukunftsvorstellung

Nachdem Sie die ersten drei Schritte des Buches erfolgreich gegangen sind, möchte ich Sie einladen, sich Ihre Zukunft farbig auszumalen. Wissenschaftliche Studien aus der Gehirn-, Bewusstseins- und Verhaltensforschung belegen, wie wichtig es ist, dass wir unsere Träume in konkrete Bilder und Vorstellungen übersetzen – dies nennt man *Visualisieren*. Einige Fragen werden Ihnen bereits bekannt vorkommen – aber in dieser Zusammenstellung ist eine Wiederholung förderlich.

Stellen Sie sich in Formen und Farben bildlich vor, wie Ihr Leben in sieben Jahren aussehen wird. Versuchen Sie, diese Bilder ganz deutlich zu sehen, inklusive der Umgebung und der Menschen. Achten Sie bei der Beschreibung auch auf Gerüche, Geräusche und Gefühle. Am besten wählen Sie solche Bilder aus, die Sie wirklich bewegen.

TIPP-Übung

_____

_____

_____

_____

_____

Schritt 4: Das tägliche Inspirations- und Praxis-Programm (TIPP)

TIPP-Übung Entwerfen Sie Ihre eigene Zukunft und Ihre individuellen Lebensziele:

- Wofür stehe ich?

- _____

- Was ist für mich im Leben wirklich wichtig?

- _____

- Wie will ich am liebsten leben?

- _____

- Wer begleitet mich in meinem Leben?

- _____

- Was sind meine bedeutsamen Visionen für dieses Leben, die ich unbedingt umsetzen will, bevor ich diese Erde verlasse?

- _____

- Angenommen, ich hätte drei Wünsche frei – was wünschte ich mir am meisten?

- _____

  _____

- Was ist sonst noch wichtig?

- _____

Ihre Vision visualisiert Ihren zukünftigen Lebensweg, bündelt und fokussiert die Energie und ermöglicht ein synergetisches Lernen.

Schließen Sie die Augen und stellen Sie sich vor, dass Sie das im Leben gefunden haben, was Sie schon immer wollten, Ihre Lebensziele erreicht haben. Was fällt Ihnen hierzu ein? **TIPP-Übung**

_____

_____

_____

Das Credo – Ihr persönliches Leitbild

Von der *Vision* kommen wir zur *Mission*. Ein *Credo* (im Amerikanischen auch *Mission-Statement* genannt) ist eine langfristige Zielformulierung – Ihr ganz persönliches Leitbild. Auf den Punkt gebracht ist das Credo die *Ein-Satz-Aussage für Ihr Leben*. Ein Kollege hat es in einem Seminar so ausgedrückt: „Mit Lust und Kreativität mache ich, was mir entspricht, und führe ein mich erfüllendes, selbstbestimmtes Leben."

Mein persönliches Lebens-Credo: **TIPP-Übung**

_____

_____

_____

TIPP-**Affirmationen**:
- Meinen Talenten und inneren Wünschen folgend, mache ich einfach „mein Ding" und empfinde dabei tiefes Glück.

Schritt 4: Das tägliche Inspirations- und Praxis-Programm (TIPP)

■ Ich habe eine klare Vorstellung von meinem Leben, das ich täglich authentisch und mit Spaß lebe.

TIPP-Tages-Resümee:
Wie habe ich heute Glück empfunden?

Denk-Mal: Die Lebensformel für ein erfülltes, glückliches Leben können wir definieren:
∑ (Kern + kreative Kompetenz + Authentizität + Eigenverantwortung + Empowerment + spielerische Leichtigkeit + Spaß + Liebe + Lachen + Lust – Loslassen schwerer und ernster Sachen)

Die 2. Woche: Umschalten auf Jetzt-Zeit

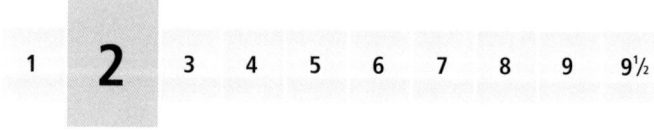

„Heute ist mein bester Tag."

ARTHUR LASSEN (DEUTSCHER SCHRIFTSTELLER UND PERSÖNLICHKEITSTRAINER)

TIPP-Thema der Woche:
Es geht um die Wirklichkeit – das, was jetzt gerade ist. Sie wollen und sollen Ihre Weiterentwicklung *JETZT* starten. Dies hat maßgeblich mit Ihrer Präsenz in der Gegenwart zu tun. Nutzen Sie die Zeit in dieser Woche, um im Moment zu leben und zu sein.

Das Leben findet genau jetzt statt. *JETZT*. Nicht erst später. Viele flüchten vor dem Jetzt und planen ihr Leben – leben aber nicht. Sie bereiten sich lediglich auf das Leben vor – und sind ganz erstaunt, wenn es schon vorbei ist. Andere träumen von einem schönen Leben und vergessen zu leben. Wenn sie dann alt sind und aus dem Traum aufwachen, fühlt sich das Leben fad und schal an. Wieder andere reden von einem schönen Leben – machen aber nichts aus ihrem Leben. Leben heißt leben und nicht drüber reden. Die Vergangenheit ist unwiderruflich vorbei! Und Sie haben Sie überlebt. Sie können die Probleme von gestern nicht mehr lösen oder ungeschehen machen. Sie können nur jetzt handeln.

Leben statt planen oder träumen

Vergangenheit	**Wirklichkeit**	**Zukunft**
Vorher	Jetzt	Nachher
Erfahrungen, Schuldgefühle, Erziehungsmuster	Leben	Erwartungen, Sorgen
Schon vorbei	Echtzeit – gegenwärtiger Moment	Noch nicht angekommen
Tot	Lebendig	Virtuell

Das permanente Vergleichen zwischen Erfahrungen in der Vergangenheit und Erwartungen an die Zukunft überspringt die Wirklichkeit im Hier und Jetzt. Damit überspringen wir unsere Lebendigkeit – unsere Gegenwart. Wir sind nie im Jetzt – der Geist ist entweder noch in der Vergangenheit oder bereits in der Zukunft. Bleiben Sie jetzt bei der Sache und denken Sie nicht mehr an Belastungen von gestern oder schon an mögliche Sorgen in der Zukunft.

Insbesondere in unserer schnelllebigen Zeit sind viele nie bei einer Sache, nie wirklich präsent, sondern erledigen vieles gleichzeitig und so nichts richtig. – Während einer Präsen-

Schritt 4: Das tägliche Inspirations- und Praxis-Programm (TIPP)

tation beim Kunden werden E-Mails beantwortet oder während eines Vortrags schon die nächsten Besprechungen geplant. Wer sich beim Kundentermin nicht um den Kunden kümmert, sondern E-Mails beantwortet, darf sich nicht wundern, wenn der Auftrag an einen Mitbewerber geht.

Maßnahme zur Veränderung: Auf Jetzt umschalten

Schalten Sie Ihre Uhr um auf Echtzeit. Sie können es sich uhrgemütlich machen. Leben Sie nach Ihrer eigenen Zeit – und gewinnen Sie Ihr Uhr-Vertrauen wieder. Seien Sie sich bewusst, dass Sie jetzt – *JETZT* gerade – leben. Präsent zu sein heißt, ganz und gar – nicht mit angestrengter Konzentration, sondern mit weitem Wahrnehmungsfeld – im Hier und Jetzt zu sein.

TIPP-**Symbol:**
Eine Uhr.

TIPP-**Starter-Kit:**
Was bedeutet Präsenz heute für mich? Wie bewusst nehme ich den Moment wahr?

TIPP-Übung Was passiert in diesem Augenblick – genau jetzt?

_____

_____

Was geht jetzt gerade in mir vor?

_____

_____

Wie fühle ich mich gerade — jetzt?

_____

Die 2. Woche: Umschalten auf Jetzt-Zeit

Was denke ich in diesem Moment?

_____

_____

Um mich täglich in die Präsenz zu bringen und in der Jetzt-Zeit zu leben, mache ich:

_____

_____

Überdenken Sie die Übung für die unterschiedlichen Bereiche Ihres Lebens: Partnerschaft, Kinder, Beruf, Freizeit, Sport, ehrenamtliche Tätigkeit und so weiter. Testen Sie, was passiert, wenn Sie sich ganz auf das konzentrieren, was Sie gerade machen, und nicht mit den Gedanken schon wieder woanders sind.

TIPP-**Affirmationen:**
- Ich bin ganz und gar präsent.
- In Gesprächen mit Freunden, Kollegen und Geschäftspartnern höre ich aufmerksam und neugierig zu.

TIPP-**Tages-Resümee:**
Was habe ich heute gemacht, um in der Jetzt-Zeit zu leben? Wie bewusst bin ich mir des Augenblicks?

Denk-Mal: Zähle nicht die Tage, sondern mache, dass der Tag zählt.

Schritt 4: Das tägliche Inspirations- und Praxis-Programm (TIPP)

Die 3. Woche: Kleine Schritte zur Weiterentwicklung

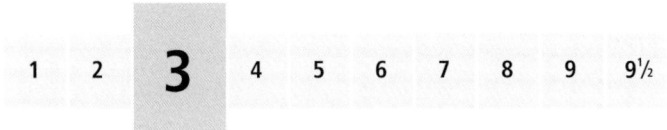

„Die einzige Konstante im Leben ist die Veränderung."

HERAKLIT (GRIECHISCHER PHILOSOPH)

TIPP-Thema der Woche:
In dieser Woche beschäftigen Sie sich damit, dass jede Weiterentwicklung ihre Zeit braucht und dass die Schritte dorthin behutsam und mit Bedacht gemacht werden.

In seinen Gehmeditations-Seminaren setzt Thich Nhat Than bei jedem Schritt einen Fuß behutsam vor den nächsten. Hierbei geht es nicht um das Ankommen an irgendeinem Ziel, sondern um das Gehen. Schritt für Schritt nähern wir uns der Wirklichkeit und so der Lebendigkeit.

TIPP-Symbol:
Spuren im Schnee.

TIPP-Starter-Kit:
Was bedeuten Langsamkeit und Geschwindigkeit für mich?

TIPP-Übung   Welche drei kleinen Entwicklungsschritte bin ich in dieser Woche in puncto Weiterentwicklung gegangen?

_____

_____

_____

TIPP-**Affirmation:**
Mit behutsamen kleinen Schritten betrete ich neugierig das Neuland meiner Möglichkeiten.

TIPP-**Tages-Resümee:**
Gab es heute ein besonderes Thema oder Ereignis, das bedeutsam für meine Weiterentwicklung war? Was war das?

Denk-Mal: Der Weg ist das Ziel.

Die 4. Woche: Personal Change – eigene Muster umprogrammieren

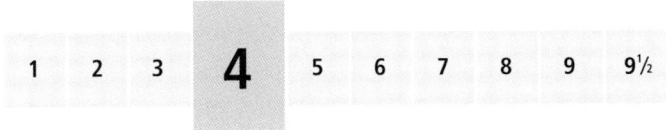

„Auch die größte Zahl der genialsten Erfindungen kann das wesentliche Element der Fantasie nicht ersetzen."

EDWARD HOPPER (US-AMERIKANISCHER MALER)

TIPP-**Thema der Woche:**
In dieser Woche packen Sie Ihre Gewohnheiten an. Das Thema *Behavioural Change* gehört zu den Königsdisziplinen der Weiterentwicklung. Lang anhaltende Veränderungsprozesse zu etablieren ist nicht einfach. Tägliche Routinen von Gepflogenheiten und Gewohnheiten werden im Stammhirn als Muster gespeichert und halten uns von der eigenen Weiterentwicklung ab. Natürlich können wir unser Hirn nicht wie die Festplatte eines Computers löschen oder neu formatieren. Unsere Skripte und Lebensprogramme jedoch können

wir neu schreiben. Stellen Sie sich dazu vor, dass Sie einen Radiergummi in die Hand nehmen und die Negativ-Verknüpfungen und Ihre „schlechten" Gewohnheiten einfach ausradieren und durch neue ersetzen. Mithilfe von Verhaltensauslösern – so genannten *Triggermechanismen* – und Visualisierungstechniken können wir die gewünschten Verhaltensänderungen bewirken. Durch konsequentes Üben sorgen wir dafür, dass sich der neue Prozess internal repräsentiert und den alten Prozess ablöst.

Lernbeispiel: Tai-Chi

Wenn Sie beispielsweise eine ostasiatische Kampfkunst wie Tai-Chi erlernen, wissen Sie, wie es sich anfühlt, wenn Sie ganz neue Bewegungen, eine Drehung oder Fußtritte lernen und diese Bewegungskoordination noch nicht in Fleisch und Blut übergegangen ist. Wenn Sie erstmals eine Form des Schattenkampfes lernen, wird es anfänglich schwierig sein, sich gleichzeitig auf die Abfolge der Techniken, die Koordination des Körpers, die unterschiedliche Geschwindigkeit, die Raumdimension und die anderen Schüler zu konzentrieren. Ein fröhliches Lächeln wird am Anfang fehlen. Erst die Verinnerlichung der Techniken durch fortwährendes Üben und Wiederholen, das Hineinfühlen in die Abfolge lässt Sie nach und nach lockerer werden und die anfängliche mechanische Roboterbewegung durch eine gewisse Leichtigkeit ersetzen. Nach vielem Üben geht es dann immer besser. Die neuen Abläufe geben Ihnen regelmäßig eine Rückmeldung, ob es klappt oder nicht.

Wie bei allen Veränderungen reicht es nicht aus, Entwicklungsziele zu definieren und die Veränderung ins Auge zu fassen. Vielmehr müssen sehr konkrete Schritte festgelegt werden, die uns auf die Veränderungen vorbereiten – von der Absichtsbildung bis zur konkreten Umsetzung. Die Lernziele sind eine Art geistige Übung, die den Weg für eine Veränderung unserer bisherigen Verhaltensmuster bereitet.

Die 4. Woche: Personal Change

TIPP-Symbol:
Die Weiche.

TIPP-Starter-Kit:
Was kann ich heute bewusst anders machen als sonst?

Es gibt eine Reihe von Methoden und Programmen zu diesem Thema. Ich möchte Ihnen eine Methode des Neulernens aus dem Bereich des motivierenden Prozessmanagements vorstellen: die Weichenstellung. Zur Erläuterung gleich einige Übungen:

Die Weiche stellen

1. Machen Sie sich zunächst klar, mit welcher Gepflogenheit oder Gewohnheit Sie in welchen Situationen unzufrieden sind.
2. Nehmen Sie Ihre alte Verhaltensweise genau unter die Lupe und verdeutlichen Sie jeden Schritt des Prozesses, damit Sie das Verhalten ganz genau verstehen lernen.
3. Machen Sie sich klar, welcher Trigger das Verhalten auslöst – dieser Trigger ist die Weichenstellung, die Sie in den alten Gleisen fahren lässt. Wer zu neuen Zielen aufbrechen will, muss die Weiche neu stellen.
4. Stellen Sie sich die neue Gewohnheit vor – als einen Prozess in mehreren Schritten.
5. Überlegen Sie, welcher neue Trigger Sie in der neuen Situation am besten unterstützen könnte, Ihnen den Vorsatz zu verdeutlichen, sich anders – eben neu – zu verhalten. Dieser Trigger bewirkt die neue Weichenstellung – als Symbol für die neue Fahrtrichtung.
6. Stellen Sie sich die neue Verhaltensweise in jedem Ablauf des Prozesses in aller Deutlichkeit vor – in Farben, Gerüchen, Geräuschen …
7. Um richtig Fahrt aufzunehmen, visualisieren Sie das neue Verhalten immer wieder, bis Sie es quasi von selbst anwenden.
8. Üben Sie das neue Verhalten, bis es „sitzt".
9. Bleiben Sie locker und entspannt und seien Sie nicht enttäuscht, wenn es nicht sofort klappt. Verhaltensänderungen brauchen Zeit, bis sich eine gewisse Routine einstellt.

TIPP-Übungen

Schritt 4: Das tägliche Inspirations- und Praxis-Programm (TIPP)

Gehen Sie davon aus, dass es grundsätzlich ganz einfach ist, aber nicht unbedingt leicht gehen wird, da Sie Ihre Wohlfühlgrenze überschreiten müssen. Der Mensch ist ein Gewohnheitstier.

TIPP-Übung Für meine Gewohnheiten nehme ich mir folgende konkrete Schritte vor:

Themenbereich	Ziel	Maßnahme
Work-Life-Balance		
Umgang mit Stress und Hektik		
Sport/Bewegung		
Fernsehen		
Essen		
Trinken		
Rauchen		
Sonstige Gewohnheiten		

TIPP-**Affirmationen:**
- Spielerisch überspringe ich meine Grenzen und übe neue Muster ein.
- Mit Engagement und voller Power entwickle ich mich Schritt für Schritt zu meinem Besten.

TIPP-**Tages-Resümee:**
Was habe ich heute bewusst ganz anders gemacht als sonst?

Denk-Mal: Aller Anfang ist leicht.

Die 5. Woche:
Das Konzept der Transformationsspiralen

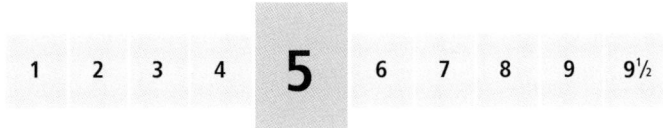

„Das Neue entsteht nicht durch den Intellekt, sondern durch den Spielinstinkt, der aus innerer Notwendigkeit agiert. Der kreative Geist spielt mit den Objekten, die er liebt."

CARL GUSTAV JUNG (DEUTSCHER PSYCHOANALYTIKER)

TIPP-**Thema der Woche:**
In dieser Woche geht es darum, Weiterentwicklung auf Basis des *Konzepts der Transformationsspiralen* zu durchlaufen und anzuwenden.

Die Forschung gewinnt immer differenziertere Erkenntnisse über die Beeinflussbarkeit physiologischer Prozesse durch psychische Faktoren und über die Auswirkungen neurobiologischer Gegebenheiten auf psychische Phänomene.

Verbindung psychischer und physiologischer Phänomene

Verhalten kann nicht mittels eines Knopfs ein- und ausgeschaltet werden, sondern verläuft als Prozess. Im Bereich des Gesundheitsmanagements habe ich viel Erfahrung mit Behavioural-Change-Konzepten bei chronisch erkrankten Diabetikern und Asthmatikern sammeln können.

Das *Stages-of-Change-Konzept*	Nach dem *transtheoretischen Modell der Verhaltensänderung* von Di Clemente und Prochaska, auch *Stages-of-Change-Konzept* genannt, bieten einzelne Schritte direkte Möglichkeiten eines gezielten Hebels. Dieses Instrument bietet sich an, um individuelles Verhalten effektiv und langfristig zu ändern. In der Gesundheitsförderung ist das Modell erfolgreich erprobt. Maßgebliche Kriterien, wie persönliche Einstellung, Erwartung an die eigenen Fähigkeiten, psychosoziale Prozesse und Verhaltensweisen, sind einbezogen. Diese Dimensionen bilden die Basis für eine schrittweise Intervention auf der Ebene individuell unterschiedlichen Verhaltens.
Beispiel: das Rauchen aufgeben	*Stellen Sie sich vor, Sie rauchen täglich 40 Zigaretten und wünschen sich, mit dem Rauchen aufzuhören. Erst einmal müssen Sie Ihre Einstellung überprüfen, ob Sie wirklich aufhören wollen zu rauchen oder ob es nur ein Lippenbekenntnis ist. Welche Erwartung haben Sie an sich selbst? Ist diese auch erfüllbar? In welcher Zeit wollen Sie mit dem Rauchen aufhören? Wie reagiert Ihr Partner? Was sagen die Kollegen? Welche Maßnahmen müssen Sie wann treffen? Wer kann Sie unterstützen? Wer hält Sie davon ab? Fragen über Fragen. Das Stages-of-Change-Konzept ermöglicht ein schrittweises Verfahren zur Verhaltensänderung. Es beginnt mit der Absichtslosigkeit, führt über die Absichtsbildung, führt weiter über die Vorbereitung der Handlung und die Handlung bis zur Aufrechterhaltung des neu Erlernten. So kann der Traum vom Nichtrauchen schnell und nachhaltig wahr werden.*

Auf Grundlage dieser Forschungsergebnisse und der eigenen Erfahrung mit Tausenden chronisch erkrankter Diabetiker und Asthmatiker sowie der Lerneffekte im Coaching mit Gesunden in vielen Seminaren setze ich eine modifizierte Variante ein: das *Konzept der Transformationsspiralen*. Bei *Fair-Änderungsprozessen* durchlaufen wir bildlich gesprochen unterschiedliche Windungen einer Spirale und weniger Stufen einer Treppe. Der Prozess ist kontinuierlich und erfordert für die Umsetzung einen Energieaufwand. Während des Veränderungsprozesses kann es innerhalb dieser Spirale zu einem Stillstand oder Rückschritt kommen. Die Willensbildung zur Veränderung erfolgt intrinsisch (aus eigener innerer Motivation). Die Umsetzung des Prozesses ist induktiv (vom eigenen inneren Kern zum selbst gesteckten Ziel).

Spirale statt Treppe zur Veränderung

Auf der Basis von persönlichen Erfahrungen in der Vergangenheit und Erwartungen an die Zukunft hängt die aktuelle Bereitschaft des Einzelnen zur Veränderung von folgenden Gretchenfragen ab:
- Welchen konkreten Vorteil/Nutzen habe ich?
- Welchen Aufwand muss ich dafür treiben?
- Welchen Preis muss ich dafür zahlen?
- Was kann ich danach besser?

Gretchenfragen zur Veränderung

Letztlich geht es hierbei um ein Abwägen der Vor- und Nachteile im Sinne einer persönlichen Kosten-Nutzen-Analyse. Jemand, der sagt, dass er mehr Gelassenheit erlangen wolle, weil er so gestresst sei, in Wirklichkeit aber so lebt und arbeitet wie bisher, wird den Stress nicht bewältigen – da nützt auch kein Meditationskurs. Wer sich nicht wirklich ändern will, weil es sein eigenes inneres Ziel ist, wird sich auch nicht nachhaltig ändern.

Schritt 4: Das tägliche Inspirations- und Praxis-Programm (TIPP)

Verhaltensänderung nach dem Konzept der Transformationsspiralen

Schritte der Verhaltensänderung	Merkmale
1. Orientierungslosigkeit	Alles scheint in Ordnung. Es besteht keine Problemkenntnis.
	Es gibt keine Absicht, etwas zu ändern, ein Problembewusstsein fehlt, die Vorteile einer Verhaltensänderung werden unterschätzt.
	Aktuelle Probleme werden verdrängt oder verleugnet. Das Verhalten ist passiv-reaktiv.
2. Orientierung und Willensbildung hin zur Veränderung	Das Problem wird erkannt. Durch Gesundheits- oder Lebensprobleme oder eine echte Krise entsteht eine wirkliche und ernsthafte Einsicht, sich in den nächsten sechs Monaten ändern zu wollen.
	Vor- und Nachteile der Veränderung werden abgewogen und überdacht.
	Das eigene Ziel wird definiert (intrinsisch/induktiv).
3. Cross-Check der Bremsklötze/Ambivalenz	Der Änderungswillige macht sich die Dinge klar, die den Veränderungsprozess stoppen könnten.
	Wichtige Fragen lauten: „Will ich das wirklich? Ist dies mein innerster Wunsch – oder lasse ich mich von außen leiten?"
	Es besteht eine Furcht vor der Veränderung, die sich in ambivalentem Verhalten äußert (Aufwand und Nutzen des neu anzueignenden Verhaltens sind noch unklar, die gewohnte Verhaltensweise wird noch positiver bewertet). Daher wird noch keine konkrete Verpflichtung eingegangen.
	Offenheit für nähere Informationen und Aufklärung ist gegeben.

Schritte der Verhaltensänderung	Merkmale
4. Anlauf	Das Ziel ist klar anvisiert, die Vorbereitungen laufen: Es besteht die konkrete Absicht, in nächster Zeit das Zielverhalten zu erreichen. Dies wird auch nach außen artikuliert.
	Ein Aktionsplan wird erstellt und ausprobiert (z. B. weniger Süßigkeiten naschen, Kaffeekonsum reduzieren, gelassener mit Stress umgehen, Anmeldung zum Meditationskurs).
5. Absprung/ Umsetzung	Auf geht's: Die aktive Umsetzung steht an. Das neue Zielverhalten wird erprobt, erste kleine Hürden werden genommen.
	Achtung: In dieser kritischen Zeit besteht eine hohe Rückfallwahrscheinlichkeit in alte, bequeme Verhaltenswege und -muster
6. Landung / Aufrechterhaltung des Neuen	Innerhalb von fünf bis fünfzig Monaten werden neue (gewünschte) Fähigkeiten und Fertigkeiten proaktiv angewendet und bei geringer Rückfallwahrscheinlichkeit routinemäßig etabliert.
	Die Zuversicht steigt, die neuen Fähigkeiten werden langsam Routine.
7. Feedback und Verbesserung	Das Problem ist gelöst, das neue Verhalten ist erfolgreich etabliert.
	Reflexion und Qualitätsverbesserung erfolgen: Feinschliff und Optimierung des Gelernten.

Ist danach das Ziel erreicht? Unter der Voraussetzung, dass das neue Verhalten weiterhin proaktiv geübt wird, ist davon auszugehen, dass die Rückfallwahrscheinlichkeit gering ist. Wichtige Dimensionen wie Einstellung, Erwartung an die eigenen Fähigkeiten, psychosoziale Prozesse und Verhaltensweisen werden berücksichtigt. Diese Parameter sind die

Grundlage für eine prozessgerechte Intervention auf der Ebene individuellen Verhaltens. Die Orientierungslosigkeit ist der Anfang einer jeden Veränderung und ein Zeichen des Willens zur Veränderung. In dieser Phase werden oft eine Entscheidungsstarre und eine Sinnlosigkeit erlebt. Insbesondere Menschen in Umbruchsituationen kennen diese Phase sehr gut. Jenseits der Scheuklappen und der Effizienzoptimierung ermöglicht die Orientierung die Chance, die Welt neu zu entdecken und neu zu sehen. Daher ist die Orientierung ein maßgeblicher Teil im individuellen Veränderungsprozess.

TIPP-**Symbol:**
Die Wendeltreppe.

TIPP-**Starter-Kit:**
Was will ich in Zukunft konkret ändern? Ein wirkliche Veränderung wäre beispielsweise, das Rauchen aufzugeben oder eine Gewichtsabnahme um 5 Kilogramm zu erreichen. Was kann ich heute ganz konkret tun?

TIPP-Übungen: In der Orientierungsphase ist es wichtig, eingetretene Verhaltenspfade zu verlassen. Daher ist es gut, Neues und anderes auszuprobieren. Es geht darum, den Lebensrhythmus zu ändern. Neue Wege führen zu neuen Erfahrungen und erweitern den Blickwinkel. Sie können eingefahrene Wege verlassen oder sie in der umgekehrten Richtung befahren. Probieren Sie es aus und fangen Sie ganz leicht an. Machen Sie heute einmal eine gewohnte Sache bewusst ganz anders als sonst. Möglichkeiten gibt es viele. Wenn Sie bisher
- mit dem Auto zur Arbeit gefahren sind, nehmen Sie heute bewusst öffentliche Verkehrsmittel oder fahren mit dem Fahrrad.
- abends ferngesehen haben, gehen Sie in ein Konzert.
- abends Zeitung gelesen haben, verabreden Sie sich mit Freunden zu einem Spieleabend.
- nur klassische Musik gehört haben, gönnen Sie sich heute mal eine Rock-CD – oder umgekehrt.

Es geht darum, neue Erfahrungen zu machen – ohne Wertung. Wenn wir die Vielfalt spüren, können wir neu und bewusst entscheiden.

Nichtraucher zu werden oder an Gewicht abzunehmen ist grundsätzlich nicht schwer. Mit dem Konzept der Transformationsspiralen ist es leicht und macht sogar Spaß.

TIPP-**Affirmation:**
Was ich wirklich ändern will, setze ich leicht um.

TIPP-**Tages-Resümee:**
Was habe ich heute verändert? Welche Reaktion hat dies bei anderen erzeugt?

Denk-Mal: Je mehr Möglichkeiten ich sehe, desto größer wird die Entscheidungsfreiheit.

Die 6. Woche:
Transformation durch Frequenzwechsel

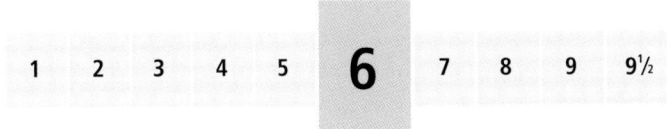

„*Mut heißt die Kraft, das Bekannte und Sichere loszulassen.*"

RALLO MAY (US-AMERIKANISCHER AUTOR)

TIPP-**Thema der Woche:**
In dieser Woche geht es um den *Frequenzwechsel* als ein Instrument der Weiterentwicklung. Der Frequenzwechsel ist ein effektives Werkzeug, er ermöglicht eine neue Art des Hin-

schauens. Sie können Ihren negativen Gedanken mit einem kleinen Vorzeichenwechsel den richtigen Dreh verpassen – die Wirkung ist enorm: Ihre Energie und Ihre Stimmung ändern sich im Handumdrehen. Mit einer klitzekleinen Änderung Ihres Blickwinkels kommen Sie auf eine positive Frequenz. Damit lösen Sie Blockaden, stellen Ihre Ampel von Rot auf Grün und eröffnen sich neue Wege. Der Vorzeichenwechsel lässt sich prima für Ihre Gedanken- und Sprachmodulation einsetzen. Durch bejahende Formulierungen und ein proaktives Handeln verbessern Sie Ihre Frequenz schlagartig. Dies steigert die Erfolgswahrscheinlichkeit enorm.

Beispiel: Supermarkt

Sie haben sich nach einer harten Arbeitswoche aufgerafft, am Samstagvormittag im örtlichen Supermarkt einzukaufen. Es ist nasskalt, es regnet in Strömen und der Parkplatz ist rappelvoll. Nach ein paar Runden finden Sie endlich einen Stellplatz für Ihr Auto. Jetzt nichts wie rein in den Markt. Denkste! Sie müssen eine Zeit lang warten, bis Sie endlich einen Einkaufswagen ergattern. Ihr Unterlid meldet sich mit einem nervösen Zucken – ganz dezent, aber spürbar. Im Laden wimmelt es nur so von Menschen. Als Sie an der Käsetheke endlich an der Reihe sind und nach Ihrem Lieblingskäse fragen, hören Sie von der freundlichen Fachverkäuferin: „Der ist aus, der kommt Montag wieder." Toll. Mit finsterem Gesicht schieben Sie Ihren Wagen durch die Gänge. Seichte Musik ertönt aus dem blechernen Lautsprecher, unterbrochen von einer sympathischen Stimme: „Aufgepasst, heute in unserer Fleischabteilung – Hühnerschenkel, zart gewürzt, 400 Gramm für nur 3,99 Euro – wir wünschen guten Appetit."

An den Kassen herrscht Gedränge. Die Familie vor Ihnen macht – der Fülle im Einkaufswagen nach zu schließen – wahrscheinlich einen Hamstereinkauf für die nächsten drei Wochen. Die Frau hinter Ihnen ist stark erkältet, hustet bellend und keucht vor sich hin. Beim Weiterschieben stößt sie Ihnen ihren Wagen in die Hacken. Ihr Blutdruck steigt merklich. Sie drehen sich um

Die 6. Woche: Transformation durch Frequenzwechsel

und schauen ihr zornig in die Augen. Es sind noch fünf Wagen vor Ihnen. An den anderen Kassen herrscht genauso viel Betrieb. Mit der Geschwindigkeit einer Schildkröte legt die Frau der „Hamsterfamilie" ihre Waren auf das Band. Es dauert und dauert und dauert. Als Ihre Vorgängerin endlich bezahlen möchte, muss die Kassiererin noch die Papierrolle für den Kassenzettel wechseln. Endlich – Sie sind an der Reihe. Doch als Sie gerade Ihre Sachen auf das Band legen wollen, kommt ein Mann mit fünf kleinen Päckchen im Arm auf Sie zu und fragt Sie freundlich, ob Sie ihn vorlassen könnten, denn er hätte es eilig…

Wie reagieren Sie? Die persönliche Interpretation lässt ein Ereignis positiv oder negativ und so eine einzuleitende Handlung sinnvoll oder sinnlos erscheinen. Die Energie ist möglicherweise die gleiche – nur das Vorzeichen ist unterschiedlich. Sehen Sie sich die Reaktionsmöglichkeiten an – auf einer negativen Frequenz und nach dem Frequenzwechsel:

Negativfrequenz	**Nach der Transformation**
„Ich hasse es, am Wochenende im Supermarkt einkaufen gehen zu müssen."	„Da ich heute Abend Gäste eingeladen habe, gehe ich selbst einkaufen, sonst wäre ich Essen gegangen.
	In der nächsten Woche werde ich mittags einkaufen gehen, damit ich mich nicht in das Wochenend-Getümmel stürzen muss."
„Ich habe Angst, mich bei der Frau hinter mir anzustecken, nach all dem Stress in der Arbeit ist mein Immunsystem sicher im Keller."	„Meine Abwehrkräfte sind stark, ich werde nicht krank."
„Ich bin sauer, dass ausgerechnet mein Lieblingskäse alle ist."	„Guter Hinweis – anstatt immer den gleichen Käse zu essen, probiere ich heute mal einen ganz anderen aus."

Schritt 4: Das tägliche Inspirations- und Praxis-Programm (TIPP)

Negativfrequenz	Nach der Transformation
„Hühnchenschenkel – das sind bestimmt die armen Hühner, die in viel zu engen Käfigen gehalten werden."	„Tolle Idee, die Schenkel könnte ich mit einer leckeren milden Kormasauce und Mandeln indisch vorbereiten und dann meinen Gästen heute Abend als *Murgh Korma* kredenzen – lecker!"
„Blöde Kuh, muss die mir auch noch in die Hacken fahren, denke ich, sag aber nichts."	„Ich drehe mich um und sage der Frau, dass sie bitte Abstand halten möge, da sie mir eben in die Hacken gefahren ist."
„Meine Güte, das dauert ja ewig."	„Während des Anstehens kann ich schon einmal einen neugierigen Blick in die Zeitung werfen."
„Also jetzt geht es aber wirklich zu weit, der Grinser will sich hier auch noch vordrängeln …"	Reaktion 1, falls Sie ihn nicht vorlassen möchten: „Super Idee, fragen Sie doch einmal die Frau hinter mir, denn ich habe es auch eilig." Reaktion 2, falls es Ihnen mittlerweile egal ist, ob es noch eine Minute länger dauert: „Aber nur, weil Sie so nett gefragt haben."

Bewertungen – individuelle Konstruktionen Unsere subjektive Einstellung hat für die Bewertung einer Alltagsgegebenheit eine ganz wesentliche Bedeutung. Die Bilder, die wir uns von der jeweiligen Situation machen, sind persönliche und individuell unterschiedliche Konstruktionen. Wir sehen die Welt aus unserem Blickwinkel und bewerten Zustände individuell unterschiedlich. Im obigen Supermarkt-Beispiel können Sie genervt oder gelassen reagieren. Je nach Blickwinkel gestalten oder verunstalten wir unsere Außenwelt und so unser Leben. Dies führt im schlimmsten Fall zur Selbstsabotage.

Die nachstehende Tabelle verdeutlicht die Auswirkungen des Frequenzwechsels.

Negativfrequenz	Positivfrequenz
Polares Entweder-oder-Denken	Synergetisches Sowohl-als-auch-Denken
Gewinner-Verlierer- oder Verlierer-Verlierer-Mentalität	Gewinner-Gewinner-Mentalität
Fremdbestimmung	Eigenständigkeit
Äußerer Druck	Innerer Wunsch
Innerer Zwang	Eigenes Konzept
Scheinharmonie, Disharmonie	Innere Balance, gelebtes Win-Win-Prinzip
Autoritätsgläubigkeit	Eigene Maßstäbe
Kampf	Tanz
Wut	Spaß
Frust	Lust
Aggression	Mut
Angst	Handlungs-Power
Misstrauen	Vertrauen
Übertriebene Skepsis	Offenheit
Destruktivität	Entschlossenheit
Müdigkeit	Wachheit
Unselbstständigkeit	Eigen- und Selbstständigkeit
Zweifel	Mut, Vertrauen
Übertriebenes Sicherheitsbedürfnis	Gutes Selbstwertgefühl

Wenn Sie häufig aggressiv und ungeduldig sind, bedeutet dies lediglich, dass die Handlungsenergie blockiert ist. Die Ampel steht auf Rot, Wut und Zorn sind Energiestauungen, die Energie kann nicht fließen. Als Maßnahme schalten Sie die Ampel auf Grün und lassen so der Energie freien Lauf in Richtung einer sinnvollen Handlung. Dies geschieht am besten auf einer anderen Ebene: Beim Sport können Sie sich hervorragend auspowern und so Ihre Aggression abfließen lassen. Der äußere Druck, der Sie aggressiv und wütend macht, kann so zum inneren Drang transformiert werden und Sie zu sportlichen Höchstleistungen anstacheln.

Energieblockaden lösen

Schritt 4: Das tägliche Inspirations- und Praxis-Programm (TIPP)

Der Ampel-Check Der Ampel-Check ergibt folgende Frequenzen:
- *Grün* entspricht einer Spitzenfrequenz mit Integration der wesentlichen Inhalte und steht für einen optimalen und ungehemmten Energiefluss.
- *Gelb* steht für eine gute Frequenz, wobei es zu einem in Teilbereichen überdrehten Leben in der Kompensation kommen kann. Die Kompensation ist keine optimale Form – jedoch immer noch besser als die Hemmung.
- *Rot* weist auf eine schlechte Frequenz und ein gebremstes Leben in der Hemmung. Die gehemmte Variante ist grundsätzlich die schlechteste Art, sein Leben zu leben.

TIPP-**Symbol:**
Die Ampel.

TIPP-**Starter-Kit:**
Wie bewerte ich heute eine Routineaufgabe?

TIPP-Übung Kreuzen Sie für sich an, wie Sie sich im Moment sehen. In der Summe brauchen Sie lediglich die Anzahl der roten, grünen und gelben Ampeln zu addieren, um zu wissen, wie es mit Ihrem Energiefluss steht und auf welcher Frequenz Sie derzeit leben. In welchen Bereichen leben Sie auf einer Spitzenfrequenz, in der alles integriert ist, in welchen in der Kompensation und in welchen in der Hemmung?

Merkmal	Grün/ Integration	Gelb/ Kompensation	Rot/ Hemmung
Persönliche Weiter- entwicklung	Will seinen eigenen Weg gehen, hohe Wandlungsfähigkeit, Selbstbestimmung nach eigenem Konzept	Wunsch nach Macht, Dominanzstreben	Fühlt sich gequält und unterdrückt, autoritätsgläubig, Rachegelüste

Die 6. Woche: Transformation durch Frequenzwechsel

Merkmal	Grün/ Integration	Gelb/ Kompensation	Rot/ Hemmung
Work-Life-Balance	Achtsamkeit gegenüber dem eigenen Körper, gute Balance zwischen Arbeit, Beziehungen, Körper, Spiritualität, Weiterbildung	Extremer Fokus auf den eigenen Körper, arbeitet im Fitness-Studio am Waschbrett-Bauch	Held der Arbeit – lebt nur für die Arbeit und ist 14 Stunden täglich im Büro, fährt nie in den Urlaub
Analysefähigkeit	Differenziertes Auftreten, Spaß an Präzision, Vernunft, gute Beobachtungsfähigkeit und kritische Wachheit	Überdimensionierter Planungsaufwand, Kritiksucht, Misstrauen, zynisches Verhalten	Unfähigkeit zur Analyse, macht das, was man ihm sagt, übermäßige Kontrolle, Nörgelei
Know-how, Wissen, Kommunikationsverhalten, Lernfähigkeit	Intellekt, rhetorisches Talent, Redegewandtheit	Technokratische Kommunikation, Intellektualität, Geschwätzigkeit, Sprunghaftigkeit der Gedanken	Eingeschränkte Lernfähigkeit, Analphabet, Sprach- oder Sprechhemmung
Durchsetzungsfähigkeit, Tatkraft, Entschlossenheit	Initiative, Wille, gesundes Ego-Verhalten, Engagement	Streit, egoistisches Verhalten, Krieg	Erleiden von Fremdbestimmung, Mangel an Durchsetzung
Ärgern	Wandelt Ärgerenergie in Handlungsenergie	Jähzorn	Innerliche Wut
Abgrenzungsfähigkeit	Gute Abgrenzung	Übertriebene Abgrenzung	Abgrenzungsschwierigkeiten, unfähig, Nein zu sagen

Schritt 4: Das tägliche Inspirations- und Praxis-Programm (TIPP)

Merkmal	Grün/ Integration	Gelb/ Kompensation	Rot/ Hemmung
Verantwortung und Rechtsbewusstsein	Bewusstsein für eigenes und fremdes Recht, Ernsthaftigkeit der Lage	Ehrgeiz, kritisiert dauernd andere	Fühlt sich gemaßregelt oder bestraft sich selbst, Härte gegen sich selbst, Sturheit, eiskalte Strenge gegenüber anderen: „Das macht man aber nicht…"
Materieller Besitz	Angemessener materieller Besitz	Reichtum	Besitzlosigkeit
Genussfähigkeit	„Genießen macht Spaß"	Schlemmertum	Hemmung des Genusses, Fresssucht
Handwerkliche Geschicklichkeit	Geschicklichkeit, Wendigkeit	Wurschteln, permanentes Basteln	zwei linke Hände, völlig ungeschickt
Fühlen, Emotionalität	Echte Gefühle, fürsorglich, tiefe und angemessene Empfindungsfähigkeit, natürliches Spüren	Macho, „overprotecting mother", erstickt andere im Mutterschleim	Spielt die Kindrolle im Erwachsenenalter, Beleidigtsein, Schmollen
Intuition, Wahrnehmungsfähigkeit, Fantasie, Bewusstseinserweiterung	Gute Intuition, sensibles Spüren von Konflikten, Fähigkeit, sich bewusst zu entwickeln, Sehnsucht	Illusionäre Verkennung	Angst und Unsicherheit unterdrücken Intuition und Sensibilität

Die 6. Woche: Transformation durch Frequenzwechsel

Merkmal	Grün/ Integration	Gelb/ Kompensation	Rot/ Hemmung
Freiheit, Unabhängigkeit	Individuelle, unkonventionelle Weiterentwicklung, Freiheitsbewusstsein, Originalität, Begeisterung für alles Neue	Provokation, exzentrisches Verhalten, spielt stets den Clown	Andere leben auf Kosten der eigenen Freiheit, Nervosität, permanentes Gestresstsein
Selbstvertrauen und Auftreten nach außen	Selbstbewusstsein, Selbstständigkeit	„Ich bin der Größte"	Bescheidenheit, „ich bin nichts wert"
Summe			

Die folgende Tabelle regt mit ein paar Fragen an, wie Sie die Frequenz in unterschiedlichen Bereichen verbessern können.

Mein Aktionsplan zur Verbesserung der Frequenz:　　　TIPP-Übung

Merkmal	Fragestellung, um die Frequenz zu verbessern	Aktionsplan
Persönliche Weiterentwicklung	Wie kann ich noch besser meinen eigenen Weg fokussieren? Wie steht es mit meiner Wandlungsfähigkeit? Wie kann ich meine Eigenverantwortung erhöhen? Wie kann ich mein eigenes Lebenskonzept besser umsetzen?	
Work-Life-Balance	Wie kann ich eine ausgeglichene Balance zwischen Beruf, Beziehungen, Achtsamkeit gegenüber dem Körper, Spiritualität täglich erreichen?	
Analysefähigkeit	Wie kann ich meine Beobachtungsfähigkeit optimieren? Bin ich kritisch genug?	

Schritt 4: Das tägliche Inspirations- und Praxis-Programm (TIPP)

Merkmal	Fragestellung, um die Frequenz zu verbessern	Aktionsplan
Know-how, Wissen, Kommunikationsverhalten, Lernfähigkeit	Wie könnte ich meine Fähigkeiten in Rhetorik verbessern? Lese ich das, was mir Spaß macht? Sind meine Kontakte für meine persönliche Weiterentwicklung wertvoll?	
Durchsetzungsfähigkeit, Tatkraft, Entschlossenheit	Wie kann ich initiativ werden? Wie bekomme ich meinen Willen? Wie gelange ich zu einem mir angemessenen Ego-Verhalten?	
Ärgern	Wie kann ich die Ärgerenergie in Handlungsenergie wandeln?	
Abgrenzungsfähigkeit	Wie kann ich mich besser abgrenzen? Wie kann ich leichter Nein sagen?	
Verantwortung und Rechtsbewusstsein	Wie bekomme ich Klarheit über das eigene Recht? Was ist mir wichtig? Wofür kann ich mich bewusst einsetzen?	
Materieller Besitz	Wie kann ich meine finanzielle Situation verbessern und zu einem mir entsprechenden Besitz kommen?	
Genussfähigkeit	Wie und wann kann ich am besten genießen? Was macht mir Spaß?	
Handwerkliche und körperliche Geschicklichkeit	Entsprechen mir meine Hobbys? Was könnte ich tun, damit ich spielerischer und virtuoser werde?	
Fühlen, Emotionalität	Sind meine Gefühle gegenüber anderen echt oder aufgesetzt? Wie kann ich mein natürliches Spüren verbessern?	

Die 6. Woche: Transformation durch Frequenzwechsel

Merkmal	Fragestellung, um die Frequenz zu verbessern	Aktionsplan
Intuition, Wahrnehmungsfähigkeit, Fantasie, Bewusstseinserweiterung	Wie kann ich meine Intuition verbessern? Wonach sehne ich mich? Wie kann ich meiner Fantasie noch mehr freien Lauf lassen?	
Freiheit, Unabhängigkeit	Sind meine Freunde auf der gleichen Wellenlänge? Wie kann ich meiner Begeisterung für alles Neue mehr Rechnung tragen?	
Selbstvertrauen und Auftreten nach außen	Wie kann ich mein Selbstbewusstsein verbessern? Wie werde ich noch selbstständiger? Wie kann ich die Eigenverantwortung für mein Leben täglich übernehmen?	

Wichtig ist, dass Sie gerade bei Veränderungsprozessen wirklich von dem überzeugt sind, was Sie machen, sonst besteht keine Aussicht auf Erfolg. Zudem wäre es Energieverschwendung. Proaktiv können Sie mit Schaffensdrang und Vorstellungskraft den Wandel kreativ gestalten, anstatt den Mangel zu verwalten: Vive la différence, vive la résistance gegen „übliche" Verhaltensnormen. Sagen Sie eindeutig und verständlich, was Sie nicht wollen, und bleiben Sie ganz bei sich. Bei der Transformation geht es nicht um den kleinsten gemeinsamen Nenner, sondern um das größtmögliche Vielfache.

TIPP-**Affirmationen:**
- Mit funkelnden Augen und innerem Feuer tue ich das, was mir am meisten Spaß macht.
- Mit Volldampf und großer Lust bringe ich Projekte nach vorn.
- Meine Arbeit ist ein Abenteuerspielplatz für Erwachsene, auf dem ich mich so richtig austoben kann.

Schritt 4: Das tägliche Inspirations- und Praxis-Programm (TIPP)

TIPP-Tages-Resümee:
Wie konnte ich heute mit einem kleinen Dreh meine Sichtweise verändern?

Denk-Mal: Vive la différence!

Die 7. Woche: Commitment und Zielvereinbarung

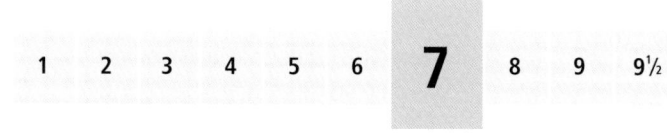

„*Werde der du bist.*"

LAO-TSE (CHINESISCHER PHILOSOPH)

TIPP-Thema der Woche:
In dieser Woche werden Sie mit sich selbst einen schriftlichen Vertrag schließen, was Sie bis wann wie ändern wollen. Wie in einem Zielvereinbarungsgespräch *(Management by Objectives)* im Arbeitsleben legen Sie die Belohnungen fest, wenn Sie das Ziel erreichen – oder geeignete Maßnahmen, wenn Sie es verfehlen. Ich nenne diese Jahreszielvereinbarung „*Personal-Change-Commitment*", da ein Commitment eine stärkere Bindung haben kann als lediglich eine Vereinbarung. Sinnvoll ist es, wenn Sie andere wissen lassen, dass und wie Sie etwas konkret ändern wollen. Wenn Sie möchten, beziehen Sie eine Vertrauensperson oder einen Coach mit in den Vertrag ein. So können Sie gemeinsam mit diesem Begleiter Maßnahmen besprechen, wenn Sie Ihre Ziele nicht erfüllen. Und Ihr innerer Drang wird durch den Rückenwind von außen zusätzlich gestärkt.

Die 7. Woche: Commitment und Zielvereinbarung

Elke Marquardsen, 31, ist eine extrem ehrgeizige und erfolgreiche Abteilungsleiterin im Wertpapiergeschäft einer großen Bank. Seit sie nachts vor lauter Sorge um nicht erledigte Dinge nicht mehr schlafen kann, nimmt sie sich vor, dass das Arbeiten am Rande des Nervenzusammenbruchs ein Ende haben muss. Als sich auch noch ihr Partner von ihr trennt, ist die Belastungsgrenze erreicht. Um weiteren emotionalen Tiefschlägen vorzubeugen, beschließt sie, an ihrer Work-Life-Balance zu arbeiten. Gemeinsam mit ihrem Coach formuliert sie auf Basis ihrer inneren Werte ihre persönliche Vision und vereinbart konkrete Maßnahmen mit klaren Meilensteinen. Dabei konzentriert sie sich auf ihre Stärken und identifiziert Bereiche, die ihr für die Zukunft wichtig sind, damit es mit der Weiterentwicklung auch klappt:

Beispiel: Verbesserung der Work-Life-Balance

Meine persönliche Weiterentwicklungs-Vereinbarung	
Name	**Name des Begleiters**
Elke Marquardsen	JPS
Meine Lebensvision	
Ich mache nur noch das, was mir entspricht, was leicht geht und Spaß macht.	
Mein persönlicher Entwicklungsplan	**Termin**
Work-Life-Balance	01.10.0x
Stressbewältigung und Gelassenheit	01.12.0x
Meine Stärken	**Hier sehe ich Verbesserungspotenzial**
Sichtweise Verantwortungsbewusstsein Durchhaltevermögen Strukturiertheit Engagement	Abschalten-Können Delegieren Nein-Sagen Ausgleich Sport
Mein persönliches Commitment/Jahresziel 200x	
Ich will und werde an meiner Work-Life-Balance arbeiten und mehr Gelassenheit und Achtsamkeit leben.	

Schritt 4: Das tägliche Inspirations- und Praxis-Programm (TIPP)

Das Ziel ist erreicht, wenn ich ganz konkret	
Folgendes in Zukunft lasse:	Folgendes in Zukunft mache:
▪ in Stress-Situationen hektisch werden und mich selbst zu ernst nehmen	▪ jeden Tag eine Verabredung für eine Stunde mit mir selbst treffen, in der ich nicht gestört werde (kein Telefon, E-Mail etc.)
▪ die Symptome meines Körpers übergehen und etwas machen, was mir nicht gut tut	▪ den Tag nach einer halben Stunde Yoga mit einem leichten Frühstück beginnen
▪ Arbeit mit nach Hause nehmen	▪ mir Übersicht verschaffen, welche Tätigkeiten ich an Kollegen delegieren kann, damit ich mich um wesentliche Dinge kümmern kann
	▪ an drei Tagen im Monat einfach mal gar nichts machen – im Bett bleiben oder einfach die Seele baumeln lassen –, einfach so
	▪ einmal wöchentlich zum Qigong gehen
	▪ mich am Wochenende mit einer Freundin zum Walken verabreden
Messbare harte Fakten, die dies belegen:	

Thema	Termin
Sichtweise	
Haltung	
Der Wert der Arbeit	
Eigene Abgrenzung und Delegation von Arbeit	
Eigene Wertschätzung	
Achtsamkeit gegenüber dem eigenen Körper	

Die 7. Woche: Commitment und Zielvereinbarung

Bemerkungen:

Bei voller Zielerfüllung gönne ich mir ein Wellness-Wochenende an der Nordsee in Dänemark.

Bei Übererfüllung leiste ich mir ein einwöchiges Tango-Seminar auf La Palma.

Bei Nichterfüllung beginne ich von vorn, überprüfe die Ziele und mache mir erneut Gedanken, wie ich in Zukunft besser meine Work-Life-Balance leben kann.

Datum, Unterschrift   Datum, Unterschrift des Begleiters

_____   _____

Bei der Darstellung der Stärken und der Optimierungspotenziale geht es nicht darum, eigene Schwächen zu verbessern, sondern darum, die Dinge, die für die Weiterentwicklung entscheidend sind, zu entdecken und zu fördern.

TIPP-Symbol:
Der Vertrag.

TIPP-Starter-Kit:
Welches Ziel will ich heute erreichen?

Jetzt sind Sie an der Reihe: Schreiben Sie Ihre persönliche Jahreszielvereinbarung auf und verpflichten Sie sich – sich selbst gegenüber –, diese auch einzuhalten.   **TIPP-Übung**

TIPP-Affirmationen:
▪ Was ich mir bildlich vorstelle, geschieht.
▪ Leicht und locker überspringe ich meine Ziel-Marken.

TIPP-Tages-Resümee:
Was habe ich heute getan, damit ich dem Ziel näher komme?

Schritt 4: Das tägliche Inspirations- und Praxis-Programm (TIPP)

 Denk-Mal: Was will ich erreichen, wenn ich nichts mehr erreichen muss?

Die 8. Woche: Projektmanagement

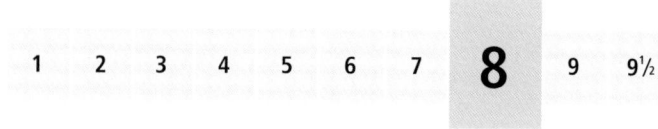

„Nur die Sache ist verloren, die man aufgibt."

GOTTHOLD EPHRAIM LESSING
(DEUTSCHER DICHTER)

TIPP-Thema der Woche:
In dieser Woche geht es um die Konkretisierung der Veränderung auf Basis klarer Ziele. Die Ziele müssen realistisch, messbar und kontrollierbar sein. Wie realistisch ist die Umsetzung dieser Ziele? Wenn sie etwas umsetzen wollen, zum Beispiel eine Sprache lernen möchten, stoßen viele an die eigenen Grenzen ihrer Umsetzungsmöglichkeiten. Am Anfang ist der Enthusiasmus noch riesig, nach einigen Wochen erlahmt die Lust am Lernen. Es geht also um das „Dranbleiben" und das „Durchhalten" bei Veränderungen. Das „Dranbleiben" ist ein Kampf gegen die innere Schwerkraft oder gegen den inneren Schweinehund. Hierbei können Sie sich gut an den W-Fragen des Projektmanagements orientieren: Wer macht *was wann wie wo womit*? Auch im Lebens-Projektmanagement werden wir mit dem Aktionsplan nach den W-Fragen arbeiten:

Die 8. Woche: Projektmanagement

W-Frage	Bedeutung
Worum geht es überhaupt?	Orientierung
Was soll gemacht werden und was soll sich konkret ändern?	Zieldefinition
Welches ganz konkrete Ergebnis erwarte ich?	Ergebnisdefinition
Was habe ich davon?	Anreizsysteme, Belohnungen
Welche grundsätzlichen Möglichkeiten bieten sich?	Brainstorming, Betreten des Möglichkeitsraums Kreativität als Hebel
Welche Konsequenzen ergeben sich?	Prüfen der angedachten Lösungsalternativen auf ihre Konsequenzen
Was ist die beste Alternative?	Auflisten der Vor- und Nachteile jeder Alternative, Reihenfolge erstellen, die Realisierungsfähigkeit und Umsetzbarkeit prüfen
Wie gelange ich zum Ziel?	Projektplan, Ist-Analyse, Soll-Konzeption, Schwachstellenbeschreibung, Vorgehensmethodik
	Auswahl der Methodik und der Instrumente
	Definition der zu erzielenden Qualität
Wann soll wer was machen?	Terminplan, Zeitplan
Wer macht was und wie viel?	Kapazitätenplanung
Wie kommuniziere ich mit den anderen?	Führungsstil, Kommunikation und Interaktion mit anderen

W-Fragen zur Zielerreichung

Schritt 4: Das tägliche Inspirations- und Praxis-Programm (TIPP)

W-Frage	Bedeutung
Wo möchte ich die Arbeit verrichten?	Ambiente, Umgebung
Was kostet es mich?	Energieplan, Ressourcenplan (Zeit, Geld, Freundschaft, …)
Wer oder **was** könnte mich unterstützen?	Konkrete Begleitung durch Partner, Kollegen, Freunde … Positivaffirmationen Visualisierungstechniken
Was hält mich davon ab?	Identifikation der Schwachstellen, innerer Schweinehund, Energieräuber, Bremsklötze
Wer hat welche Erwartungen?	Unausgesprochene Erwartungen, Abhängigkeiten, Fremdbestimmung, Freiheitsgrade, Priorität des Projekts
Welche Probleme könnten auftauchen und wie könnte ich ihnen begegnen?	Identifikation der Schwachstellen und Entwickeln einer Problemlösungsstrategie
Was habe ich konkret gelernt?	Reflexion, Qualitätsmanagement
Wie kann ich noch besser werden?	Maßnahmen zur kontinuierlichen Verbesserung und Steigerung

Ursula Grenzer arbeitet seit vier Jahren in einer hamburgischen Im- und Exportfirma. Viele der Hauptgeschäftspartner des hanseatischen Unternehmens kommen aus Südamerika. Ursula Grenzer ist in der Unternehmensentwicklung tätig. Das Reisen und die spannenden Meetings mit den südamerikanischen Partnern machen ihr viel Spaß – wenn dort nicht die Sprachbarriere wäre. Sie spricht zwar fließend Englisch, aber leider kein Spanisch. Daher nimmt sie sich vor, Spanisch zu lernen. Während eines Wanderurlaubs in Südamerika lernt sie auch noch den Mann ihrer Träume – einen Argentinier – kennen. Dies beflügelt ihren Wunsch. Ihr Chef stellt ihr sogar in Aussicht, für fünf Jahre in der Tochterfirma in Argentinien arbeiten zu können. Voraussetzung hierfür ist jedoch, dass sie sprachlich das Niveau „Spanisch verhandlungssicher" erreicht.

Beispiel: Spanisch lernen

Umgesetzt in einen Projektplan bedeutet dies für Ursula Grenzer konkret:

Projektplanung Spanisch	**Aktionsplan**
Konkrete Zieldefinition	„Am 23. September will ich die Prüfung, Spanisch – verhandlungssicher' bestanden haben. Bis dahin sind es 25 Wochen."
Aufgabenstellung	Aufstellen einer konkreten Lernstrategie für das Bestehen des Tests
	Ist-Erhebung des derzeitigen Lernstils und darauf aufbauend Konzeption der Schwerpunkte
	Situationsgerechtes Lernen in angenehmer Umgebung
	Ausreichend Zeit und Muße für andere Dinge, die Spaß machen
Identifikation der Schwachstellen und Entwickeln einer Problemlösungsstrategie	Den inneren Schweinehund in Schach halten, Unlust und Frust in Lust verwandeln, Lerngruppe suchen oder gründen Stets das Ziel im Auge haben

Schritt 4: Das tägliche Inspirations- und Praxis-Programm (TIPP)

Projektplanung Spanisch	Aktionsplan
Termin- und Projektplan	Excel-Chart entwerfen mit Terminplanung, Meilensteinen und konkreten Maßnahmen
	Aufteilung von Maßnahmen auf 25 Arbeitswochen
	Projektstart: Ostern
	Ergebnis des ersten Kurses: 20. April
	Anmeldung zum Test: bis 15. Mai
	Klare Meilensteine, in welcher Woche was erledigt sein muss
Kapazitätenplanung	
MACHEN-Plan	Konkrete Maßnahmen erarbeiten und umsetzen
	Zweimal wöchentlich zum Aerobic gehen
LASSEN-Plan	Absagen der Frauengruppe für sechs Monate
	Kündigen des Zeitungsabonnements bis September
Umsetzung	Kaufen des Spanisch-Lehrbuchs
	Internet-Recherche
	Besorgen alter Prüfungsfragen
	Bekannte fragen, die den Test bereits absolviert haben
	Lernkreis organisieren
	Anmelden bei Sprachschule
	Dienstags, donnerstags und samstags: spanische Nachrichten im Fernsehen ansehen (über Satellit)
	Freitags: eine spanische Tageszeitung kaufen und im Bus auf dem Weg zur Arbeit lesen
	Planung des Spanisch-Lernurlaubs

Die 8. Woche: Projektmanagement

Projektplanung Spanisch	Aktionsplan
Energieplan, Ressourcenplan	Monatliche Kosten für die Sprachschule einplanen
	Zweimal wöchentlich zum Aerobic gehen
Empowerment	Bekanntgabe des Ziels bei Kollegen und Freunden
	Visualisierung: „Ich stelle mir vor, wie ich an einem wunderschönen Tag die Spanisch-Prüfung absolviere und mit Bravour bestehe."
	Positivaffirmation: „Ich freue mich darauf, mit meinen argentinischen Kunden – und natürlich mit Carlos – über alles reden zu können."
Qualitätsmanagement und Verbesserungspotenziale	„Lerne ich optimal (Zeiten, Inhalte, Methode)?" „Wie könnte ich noch leichter mehr lernen?"

TIPP-Symbol:
Der Meilenstein.

TIPP-Starter-Kit:
Welches Projekt will ich konkret umsetzen?

Ein Instrument, um Veränderungen in die richtige Bahn zu lenken, ist die Vierfeldertafel aus Können und Wollen. Von der Tafel können wir ablesen, wie viel Wollen und Können jedes unserer Ziele stützt.

Die Vierfeldertafel aus Können und Wollen

Tragen Sie Ihre einzelnen Ziele in die Vierfeldertafel aus Können und Wollen ein, um zu sehen, wo Sie hinsichtlich der Umsetzung stehen. Meine persönliche Können-Wollen-Vierfeldertafel:

Tipp-Übung

	Schwaches Können	Starkes Können
Schwaches Wollen		
Starkes Wollen		

Schritt 4: Das tägliche Inspirations- und Praxis-Programm (TIPP)

TIPP-Übung Erstellen Sie für Ihr wichtigstes Ziel auf der Basis der Vierfeldertafel einen Aktionsplan wie im Beispiel oben. Achten Sie darauf, dass Sie ausreichend Zeit einkalkulieren. Planen Sie lieber mehr Zeit als weniger ein – andernfalls ist der Frust vorprogrammiert. Das Thema Kommunikation ist ebenso wichtig. Stets gilt: „Menschen machen Projekte." Wie Sie mit anderen und mit sich selbst umgehen, ist wesentlich für das erfolgreiche Gelingen eines jeden Projekts.

TIPP-Affirmationen:
- Mit klarem Ziel vor Augen setze ich das, was ich mir vorgenommen habe, spielerisch um.
- Mit professioneller Leichtigkeit meistere ich alle Projekte, die ich umsetzen will.
- Ich habe ein klares Konzept von meinem Leben, das ich mit Lust und Neugierde umsetze.

TIPP-Tages-Resümee:
Was habe ich heute getan, um meinem Ziel näher zu kommen?

Denk-Mal: Je klarer und genauer ich mir mein Ziel vorstelle, desto leichter kann ich es mit professionellen Methoden erreichen.

Die 9. Woche: Loslassen

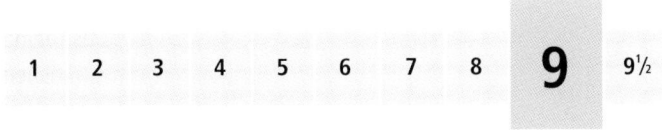

„Ich erhebe mich am Morgen, hin- und hergerissen zwischen dem Verlangen, die Welt zu verbessern oder zu erretten, und dem Wunsch, mich ihrer zu erfreuen und sie zu genießen."

ELWYN BROOKS WHITE
(US-AMERIKANISCHER DICHTER)

TIPP-**Thema der Woche:**
In dieser Woche geht es um das Loslassen. Auf einer positiven Frequenz, in guter Work-Life-Balance leben Sie erst dann, wenn Sie Lasten abwerfen. Sicherheitsdenken, Gewohnheiten, innere und äußere Zwänge sind solche Lasten. Erleichtern Sie sich Ihr Leben, leben Sie „superbleifrei". Wenn Sie vermeintliche alte Sicherheiten loslassen, eröffnen sich Ihnen Chancen für ein grenzenüberschreitendes Wachstum, für die Wahlfreiheit, das zu tun, was Sie wollen. Je weniger Reibungsverluste und Verstrickungen Sie behindern, desto leichter wird es.

Es geht nicht primär darum, sich von äußeren Lasten zu befreien. Wandlung hat etwas damit zu tun, dass Sie *sich selbst loslassen*. Damit lassen Sie alles los – eben auch das Äußerliche. Die Zentralentrümpelung findet im Kopf statt. Ihr Kopf ist eine wertvolle Schatzkammer, die mit inspirierendem Licht durchflutet werden sollte, damit Intuition, Kreativität, Power, Potenziale und Talente Sie zu neuen Wachstumspfaden führen können. Er ist keine Rumpelkammer, in der zu klein gewordene Erziehungsklamotten, verblichene Erinnerungen, ausgemusterte Beziehungskisten und hässliche Familiendramen aufbewahrt werden sollten. Geben Sie diese Staubfänger als nicht recyclebaren Sondermüll ab. Weg damit!

Die Lösung ist die Lösung
Das Loslassen von alten Verhaltensmustern – die *Lösung* – führt uns zur *Erlösung* und so zur *Gelöstheit*. Durch die Aufräumaktion in einem Bereich kommt es zu einer Änderung des Gesamtgefüges. Stellen Sie sich vor, dass alle Ihre Gedanken und Gefühle wie durch feine Zahnräder miteinander verschränkt sind. Wenn Sie an einer Stellschraube drehen, hat das Auswirkungen auf das ganze Gefüge. Daher ist es grundsätzlich unerheblich, auf welcher Ebene Sie beginnen – probieren Sie es einfach aus! In dem Moment, in dem Sie den Kleiderschrank ausgemistet haben, ist plötzlich Freiraum für Bewegung in Ihren Gedanken, Ihren Projekten und Ihren Lebensumständen. Es tut sich etwas – ein guter Vorbote von Weiterentwicklung. All das, was Sie auf den geistigen oder emotionalen Müll werfen, können Sie als Kompost nutzen, damit die Blumen Ihrer Weiterentwicklung nur so sprießen.

Die Not-to-do-Liste organisieren
Verzichten Sie auf Lebensmüll. Entgiften Sie Ihr Leben – dies gilt auch für abgestandene Freundschaften und schale Gespräche. Biologische Lösungsmittel sind gut gegen Allzweckkleber, ebenso brauchen wir ein psychologisches Lösungsmittel für die Lösung aus alten Bindungen, die uns mehr Kraft kosten, als sie uns an Energie geben. Apropos: Vermutlich planen Sie hervorragend Ihre To-do-Liste und arbeiten effizient die Aktivitäten im Terminkalender ab. Doch wie gut haben Sie Ihre Not-to-do-Liste organisiert?

TIPP-**Symbol:**
Der Ballon.

TIPP-**Starter-Kit:**
Was kann ich heute loslassen? Welches überflüssige Gepäck kann ich gut abwerfen?

Die 9. Woche: Loslassen

Was mache ich morgen als Erstes nicht? **TIPP-Übungen**

___

Welche Besprechung sage ich ab?

___

Welche Arbeit kann ich an wen delegieren?

___

Welche Arbeit lasse ich einfach liegen?

___

Wie sieht mein Leisure-Plan aus?

___

Was ist mein größtes Los, das ich lassen kann?

___

TIPP-**Affirmationen:**
- Ich habe Spaß daran, jeden Tag das Wesentliche zu machen – das Weglassen.
- Ich übe mich in der Kraft des Loslassens.

TIPP-**Tages-Resümee:**
Was habe ich heute losgelassen? Wo habe ich angefangen, leichter zu werden? Wovon habe ich mich gelöst?

Denk-Mal: Die Lösung für die Lösung ist die Lösung.

Schritt 4: Das tägliche Inspirations- und Praxis-Programm (TIPP)

Die 9 ½. Woche:
Das Update zum Lebensprogramm

1 2 3 4 5 6 7 8 9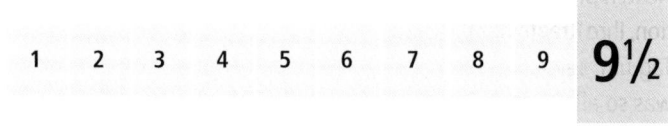

„*Der Weg nach draußen führt durch die Tür –
warum nimmt niemand diesen Weg?*"

KONFUZIUS (CHINESISCHER PHILOSOPH)

TIPP-**Thema der Woche:**
In diesen letzten Tagen geht es darum, Ihrem inneren Navigationssystem als Führungsinstrument durch Ihr Leben zu trauen.

Wenn Sie sich in Ihrem Auto von einem Navigationssystem leiten lassen, ist dies eine feine Sache. Voraussetzung ist jedoch, dass das System den Weg auch kennt. Neu gebaute Straßen machen das Navigationssystem mit seinen alten Landkarten hilflos. Früher glaubte man, die Erde sei eine Scheibe. So, wie der Globus die zweidimensionale Weltkarte abgelöst hat, haben Sie Ihre mentale Landkarte neu entworfen und können sich getrost von den überholten, Sie begrenzenden Vorstellungen verabschieden. Spielen Sie ein Update mit der neuen mentalen Lebenslandkarte auf. Ihre alten, sinnvollen Erfahrungen gehen dabei nicht verloren. Es ist jedoch ein neuer, kreativer Möglichkeitsspiel(t)raum hinzugekommen, der jenseits der bisherigen Grenzen liegt. Sichern Sie Ihren Erfolg und speichern Sie ihn ab. Ihr neues Lebensprogramm kann Sie auf dem Weg zur Weiterentwicklung sinnvoll unterstützen.

TIPP-**Symbol:**
Die Landkarte.

Die 9 ½. Woche: Das Update zum Lebensprogramm

TIPP-**Starter-Kit:**
Wovon lasse ich mich leiten?

Achten Sie in dieser letzten halben Woche verstärkt auf Ihre Intuition, Ihre Kreativität und Ihre Gefühle. Gehen Sie spielerisch mit dem Tag um, seien Sie offen und lassen Sie sich von dem überraschen, was so alles passiert.
Um mich kreativ überraschen zu lassen, mache ich Folgendes: TIPP-Übung

_____

_____

Meditation ist ein guter Katalysator für die Bewusstseinserweiterung. Durch Formen der Meditation können Sie es schaffen, die Aufmerksamkeit von der äußeren Welt auf die innere Mitte zu richten. Meditieren ermöglicht ein neues Hinsehen und so eine neue Sicht auf das Leben. Es ist eine Art vorstellungsfreier Konzentration. Gerade für gestresste Menschen ist diese Art der Innenschau hervorragend. Die Bandbreite der Meditationen variiert von Mantra-Gesängen bis zum stillen Gebet. Probieren Sie verschiedene Formen aus, um die für Sie beste zu finden.   TIPP-Übung

Tun Sie an jedem Tag dieser Woche etwas Schönes (nur) für sich.   TIPP-Übung
Heute gönne ich mir …

_____

TIPP-**Affirmation:**
Mit weitem Wahrnehmungsfeld und großer Intuition habe ich unendliche Möglichkeiten der persönlichen Weiterentwicklung.

TIPP-Tages-Resümé:
Wovon habe ich mich leiten lassen? Habe ich meiner inneren Stimme gelauscht und meinem Bauchgefühl getraut?

Denk-Mal: Wenn ich weiß, wohin ich will, komme ich auch hin, wohin ich will.

Auf den Punkt gebracht

Schalten Sie um auf UKW – auf Ultra-Kreativitäts-Welle – und transformieren Sie Negativenergie in Positivenergie. Visualisieren Sie Ihre Zukunft, formulieren Sie Ihr Lebens-Credo und leben Sie selbstbestimmt Ihre Kernkompetenz. In gutem Uhr-Vertrauen auf sich selbst können Sie sich auf den Tag einlassen – ohne dauernd in Sorge um die Zukunft zu sein. Mit klarem Ziel vor Augen und dem Commitment zur Umsetzung können Sie Schritt für Schritt von der Absichtslosigkeit in die Handlung kommen, indem Sie die Spiralen der Transformation in Richtung persönlicher Veränderung durchlaufen. Wägen Sie ab zwischen den positiven langfristigen Erwartungen und kurzfristigen Rückschlägen. Ein neuer Lebensstil wird sich nachhaltig einstellen, wenn Sie mit Rückschlägen konstruktiv umgehen, weil Sie diese vorher als Szenario durchgespielt haben. Veränderung ist ein fortlaufender Prozess und kann nicht per Knopfdruck angeschaltet werden. Mit den Instrumenten des Projektmanagements lässt sich dieser Prozess steuern. Lassen Sie los – alles Überflüssige und Schwere im Außen und im Innen. Spielen Sie ein Update mit Ihrer neuen mentalen Lebenslandkarte auf. Seien Sie, wie Sie sind – authentisch, achtsam und wach. Mit offenen Augen und einem großen Wahrnehmungsfeld wird es für Sie ein Leichtes sein, Ihre Ziele zu erreichen. Surfen Sie auf der (eigenen) Veränderungswelle, anstatt gegen die Wellen anzukämpfen.

Schritt 5: Ziellinie – das Erreichte festigen

„Das Zentrum der Stärke in uns selbst zu finden
ist auf lange Sicht der beste Beitrag, den wir unseren
Mitmenschen leisten können."

RALLO MAY (US-AMERIKANISCHER AUTOR)

Jetzt brauchen Sie den oben gezeigten Weg nur noch im täglichen Leben zu implementieren – und dies nachhaltig. Über den $9^{1}/_{2}$-Wochen-*TIPP* hinaus sollten Sie an Ihre mittel- und langfristigen Ziele denken. Daher können Sie sich bereits jetzt darüber Gedanken machen, wo Sie in $9^{1}/_{2}$ Monaten und in $9^{1}/_{2}$ Jahren stehen wollen.

Das Wollen und das Tun

„Es gibt viel mehr Leute, die freiwillig aufgeben,
als solche, die echt scheitern."

HENRY FORD (US-AMERIKANISCHER UNTERNEHMER)

Was Sie in Zukunft nicht mehr benötigen, wenn Sie Ihrer Energie folgen, sind Entschuldigungen, Versuche, Halbherzigkeit und Absichtserklärungen. Allen ist gemeinsam, dass ein wirkliches Commitment zur Umsetzung fehlt. Ein Commitment ist eine Bestätigung dafür, dass Sie von der Sache überzeugt sind und auch so handeln, wie Sie es sich vorgenommen und nach außen verkündet haben.

Schritt 5: Ziellinie – das Erreichte festigen

Entschuldigungen „Entschuldigen Sie bitte, dass ich zu spät gekommen bin." Beugen Sie solchen Entschuldigungen vor, indem Sie vorher entsprechend handeln. Wenn Sie zu einem für Sie wichtigen Termin fahren und wissen, dass der Zug unpünktlich sein könnte, nehmen Sie einfach einen früheren Zug, damit Sie auch pünktlich sind. Oder lehnen Sie den Termin ab, wenn er nicht wirklich wichtig für Sie ist. Oder Sie delegieren die Wahrnehmung des Termins an jemand anderen.

Versuche „Ich habe es versucht – und es hat leider nicht geklappt" – wie oft hören wir diesen Satz? Der „Versuch" ist ein ganz schwaches Wort. Nehmen Sie einmal beide Arme hoch und schwingen Sie diese hin und her. Danke. Jetzt nehmen Sie die Arme bitte wieder herunter. Nun versuchen Sie einmal, die Arme nach oben zu nehmen und hin und her zu schwingen. Nein, Sie sollen es nicht machen, Sie sollen es nur versuchen! Sehen Sie – es passiert nichts.

Halbherzigkeit Halbherzigkeit heißt, Ihr Herz schlägt für etwas anderes, bei dem Sie mehr geben und viel mehr Spaß und Erfolg haben könnten. Was wir machen, sollten wir voll und ganz machen. Wenn Sie während der Arbeit an Ihren Skiurlaub denken, sind Sie weder im Skiurlaub noch bei der Arbeit. Halbherzigkeit ist ein guter Indikator dafür, ob wir wirklich hinter einer Sache stehen. Wenn Sie spüren, dass Sie etwas nur halbherzig tun, können Sie nicht 100 Prozent Ihrer Energie dafür geben. Ihre Produktivität und Ihre Arbeitsergebnisse sind dann wahrscheinlich auch nur mittelmäßig bis schlecht. Dies führt aber langfristig dazu, dass andere besser sind als Sie – mit möglichen Konsequenzen. Wenn Sie nicht alles geben, sind Sie sich selbst gegenüber unehrlich, weil Sie sich selbst ja nicht folgen. Halbherzigkeit bedeutet so in letzter Konsequenz eine Lebenszeitverschwendung für eine „abgekaufte" Lebens(arbeits)zeit. Wenn Sie Ihrer Energie und Ihrem Herzenswunsch folgen, werden Sie sehen, dass sich ganz neue Handlungsfelder ergeben.

Das Wollen und das Tun

Nach einem langweiligen Meeting unter sechs Managern sagt einer: „Ich bin so sauer, ich werde die Firma verlassen." Wie viele Manager sind nach einem Monat noch in der Firma? Richtig, sechs, denn der eine hat es nur gesagt, aber noch nicht getan.

Beispiel: Absichtserklärungen

Im Englischen gibt es einen schönen Ausdruck dafür: „*Over promise – under deliver*". Wenn mehr versprochen als nachher gehalten wird, so führt dies anfänglich zu Enttäuschung – später zu Unglaubwürdigkeit. Daher ist es besser, weniger zu versprechen und lieber mehr zu halten. Der Moment der Wahrheit kommt sowieso. Nicht Absichtserklärungen zählen, sondern das, was eintritt.

Damit die Umsetzung leichter fällt, hier ein paar Starthilfe-Tipps:

Starthilfe-Tipps

- Das meiste ist leichter, als Sie denken.
- Fangen Sie einfach an, etwas zu verändern.
- Beginnen Sie mit den einfachen Dingen.
- Machen Sie die Dinge nicht schwerer, als sie sind.
- Probieren Sie etwas aus.
- Schauen Sie, was passiert.

Machen Sie aus der Mücke keinen Elefanten. Viele Dinge sind leichter, als sie scheinen. Lassen Sie sich nicht beirren von all den Aber, die möglicherweise kommen werden. Bleiben Sie ruhig und gelassen.

> **Denk-Mal:** Es zählen keine vollmundigen Absichtserklärungen, sondern nur Ergebnisse. Tun Sie es einfach.

Das Zwei-Flügel-Prinzip Ihrer Work-Life-Balance

„Life is a journey and not a guided tour."

ANONYM

Ausgleich finden Fliegen können – das ist ein ewiger Menschheitstraum. Um wie ein Adler zu fliegen, brauchen wir Flügel – und zwar zwei. Bei den meisten Menschen ist nur ein Flügel sehr ausgeprägt: die logisch-effiziente Arbeitsseite. Die andere Seite – die Entspannung und die Kreativität – kommen zu kurz. Oftmals viel zu kurz. Für Ihre Work-Life-Balance gilt dasselbe – mit einem Flügel können Sie nicht fliegen. Achten Sie daher auf ausreichend Entspannung. Entstressen Sie Ihr Leben und bemühen Sie sich um Gelassenheit. Meditation, Sport, gesunde Ernährung und gute menschliche Beziehungen helfen Ihnen dabei. Gehen Sie achtsam mit Ihrem Körper und Ihrer Seele um. Geben Sie nicht nur Ihrem Körper und Ihrem Geist Nahrung, sondern auch Ihrer Seele: Lassen Sie Ihre emotionale und spirituelle Seite nicht verkümmern.

Sich ausprobieren Wir dürfen und können uns ausprobieren in unserem Leben. Können mit den Möglichkeiten spielen und im Leben einfach mitspielen, anstatt mühsam gegen die Gegebenheiten anzukämpfen. Wenn wir das Leben als ein Spiel der Möglichkeiten auffassen, können wir (uns) nicht verlieren. Das Leben ist ein Abenteuer. Dazu dürfen wir bereit sein. Augen auf und los statt zu und durch!

Bleiben Sie offen. Stellen Sie sich vor, was Sie alles erfahren können allein dadurch, dass Sie anderen zuhören. Stellen Sie sich vor, Sie sitzen im Flugzeug oder im Zug. Neben Ihnen sitzt jemand. Wenn Sie nicht mit ihm sprechen, werden Sie nichts lernen oder erfahren. Vielleicht ist dieser Mensch aber immens wichtig für Ihren weiteren Lebensweg. Ich selbst bin im letzten Jahr beruflich über 185.000 Meilen quer durch

Europa geflogen. Gerade am Flughafen, in den Lounges oder am Gate, kann ich ungestört an neuen Manuskripten schreiben. Im Flieger aber bin ich neugierig, den Menschen neben mir kennen zu lernen. Jedes Gespräch ist ein Geschenk und eine sinnvolle Erweiterung des eigenen Horizonts.

> **Denk-Mal:** Wir müssen gar nichts im Leben – wir dürfen, wenn wir wollen.

Was ist das Leben?

„Worte können Tausende von Kilometern reisen.
Mögen meine Worte gegenseitiges Verständnis
und Liebe bewirken.
Mögen sie so schön sein wie Juwelen,
so wundervoll wie Blumen."

THICH NHAT HANH (VIETNAMESISCHER MÖNCH UND ZEN-TRAINER)

Indem Sie hier angekommen sind, haben Sie sich bereits weiterentwickelt. Ich wünsche Ihnen, dass Sie das tun, was Sie wollen und was Ihnen wirklich entspricht. Das, was Spaß macht und leicht geht – egal, wohin es führt. Und, dass Sie das lassen und loslassen, was Sie nicht wollen, was schwer geht und Ihnen nicht entspricht. In vollem Vertrauen, dass es so gut ist. In Verbindung mit sich selbst, im Loslassen und im Eins-Sein mit dem Kosmos. Wenn Sie Ihrer Energie folgen, dann werden Sie dafür auch belohnt – ohne, dass Sie sich groß anstrengen oder abmühen müssen.

Manchmal kommt einem das Leben vor wie ein Buch. Einige Seiten sind ganz leer, auf anderen Seiten werden Ihnen

Aufgaben gestellt, die Sie zu lösen haben. Die einen lösen Sie sehr gut, bei anderen machen Sie Fehler. Bei dem einen ist das Buch ganz dünn, bei dem anderen ganz dick; jedes Buch ist unterschiedlich und einmalig. Sie können mit dem Buch machen, was immer Sie wollen: Sie können in das Buch hineinmalen, hineinkritzeln, Quatsch hineinschreiben, Geschichten erfinden, Lügen verbreiten, Tintenkleckse machen, Eselsohren in das Buch falten oder die Seiten herausreißen oder gar das Buch zerschneiden, zerreißen, verbrennen oder schreddern. Egal, was Sie mit Ihrem Leben anfangen, es ist Ihre Entscheidung und Ihre Verantwortung.

Auf den Punkt gebracht

Leben ist mehr als das Abstreichen der Tage auf dem Kalender, mehr als die Aneinanderreihung von Tagen, Monaten und Jahren voller Sorgen und Angst um die Zukunft. Leben bedeutet, dass wir uns ausprobieren, dass wir die in uns liegenden Fähigkeiten, Talente und Potenziale zur vollen Blüte zu bringen. Und dazu müssen wir eigentlich gar nicht viel tun, sondern zunächst und vor allem die Dinge lassen, die uns daran hindern, so zu sein, wie wir wirklich sind. Lassen Sie das los, was Ihnen nicht entspricht, Ihnen keinen Spaß macht und schwer fällt. Weiterentwicklung bedeutet, nicht stehen zu bleiben oder auf der Stelle zu treten, sondern mitzugehen mit dem Leben. Machen Sie es einfach: Probieren Sie sich und das Leben aus. Ob es geht, werden Sie sehen, wenn Sie es ausprobiert haben. Wenn Sie es aber nicht probieren, wird sich nichts ändern. Das ist sicher. *Life is for living.*

Kontakt

Während Sie dieses Buch gelesen haben, sind wir ein Stück Ihres Lebensweges zusammen gegangen. Wenn Sie möchten, dass ich Sie auch weiterhin persönlich begleite, können Sie mir eine E-Mail schicken. Auch auf Ihr Feedback und Ihre Anregungen freue ich mich unter jps@frequenzwechsel.de. Im Informationszeitalter bin ich nur einen Mausklick von Ihnen entfernt.

Über den Autor

Seit 17 Jahren arbeitet Dr. Jörg-Peter Schröder (Jg. 1962) als Arzt, Medizin-Informatiker, Manager und EFQM-Assessor auf den Gebieten vernetzte Kommunikation, Behavioural Change-, Projekt- und Prozessmanagement für Lösungen mit Systemcharakter im Gesundheitswesen. Seine Kunden sind international renommierte Institutionen und Unternehmen. Als enthusiastischer Querdenker und Change Fascilitator für gesunde Persönlichkeitsentwicklung und Unternehmensgesundheit liegt der Fokus seiner Tätigkeit als freiberuflicher Coach auf prozessbegleitender Integration für Menschen, Organisationen und Unternehmen in Umbruchsituationen. Gemeinsam mit Dr. Reiner Blank arbeitet er an Lösungen für kreativen Wandel.

Schwerpunkte seiner freiberuflichen Arbeit sind:
- Unternehmensgesundheit
- Kreativer Wandel und Weiterentwicklung
- Leadership und authentische Führung
- Wege zu Gelassenheit und Stressbewältigung
- Coaching in Umbruchsituationen

Dr. Jörg-Peter Schröder
Im Gehren 37
55257 Budenheim
www.frequenzwechsel.de und www.futuresystemsconsulting.de

Weiterführende Literatur

Erfahrungen in Seminaren, Teamprozessen und im Coaching haben gezeigt, dass es immer besser ist, das umzusetzen, was Sie gerade gelesen haben, anstatt ein weiteres Buch zu lesen. Trotzdem habe ich eine Auswahl an weiterführender Literatur zusammengestellt:

Bents, Richard/Blank, Reiner: *M.B.T.I.*, Claudius, München, 2001.

Bents, Richard/Blank, Reiner: *Persönlichkeit und Spiritualität*, ebv, Rissen, 1994.

Boos, Frank/Heitger, Barbara (Hrsg.): *Veränderung systemisch*, Klett-Cotta, Stuttgart, 2004.

Caeiro, Alberto: *Pessoa*, Ammann, Zürich, 2004.

Cameron, Julia: *Der Weg des Künstlers*, Knaur MensSana, München, 2000.

Chao-Hsiu Chen: *Im Tempel der Stille*, Gustav Lübbe Verlag, Bergisch Gladbach, 2000.

Chopra, Deepak: *Die sieben geistigen Gesetze des Erfolgs*, Heyne, München, 1996.

Hanh, Thich Nhat: *Das Wunder der Achtsamkeit*, Theseus, Berlin, 1990.

Hüther, Gerald: *Bedienungsanleitung für ein menschliches Gehirn,* Vandenhoeck & Ruprecht, Göttingen, 2004.

Prochaska, James O./Di Clemente, Carlo C./Norcross, John C.: *In Search how people change: Applications to addictive behaviors.* American Psychologist 47, Nr. 9 (1992): 1102 – 1114.

Schröder, Jörg-Peter: *Der Querdenker,* Management & Krankenhaus, 11 (2002).

Schröder, Jörg-Peter: *Klinisches Informationsmanagement zwischen virtueller Realität und mittelalterlichem Burgendenken.* Führen und Wirtschaften im Krankenhaus (f & w) 2/98 (1998), 98 – 101.

Schröder, Jörg-Peter/Blank, Reiner: *Stressmanagement,* Cornelsen, Berlin, 2004.

Schröder, Jörg-Peter: *Machen Sie doch, was Sie wollen,* GABAL, Offenbach, 2003.

Sennett, Richard: *Respekt,* Berlin Verlag, Berlin, 2002.

Uexküll, Thure von: *Psychosomatische Medizin,* Urban & Fischer, München/Jena, 2003.

Stichwortverzeichnis

Abgrenzung 74 – 76
Ablenkungen 74 – 76
Absichtserklärungen 141
Abstand 42, 45, 63
Affirmationen 27 f.
Ampel-Check 116 – 119
Angst 70 f.
Anspruchsniveau 29 f.
Ausgleich 142
Authentizität 49 – 52

Bedürfnisse 14 f.
Berufung 20
Bewertungen 26, 69 f., 114
Blickwinkel 35 – 37, 42
Burn-out-Syndrom 29, 40 – 47, 52

Commitment 122 – 125
Credo 95

Digitales Denken 35 – 37, 69

Effektivität 23
Effizienz 13, 23, 32
Energiebilanz 56 – 64
Energiemanagement 56 – 64, 84 f., 115
Energießkanne 56-61
Entschuldigungen 140
Erfahrungen 25, 33, 97, 107

Erfolg 15, 24 – 27
Erkrankungen 40 – 42, 46, 75
Erwartungen 97, 107, 109
Erziehungsmuster 14, 31 f., 79

Familie 21
Fehler, Umgang mit 71, 77
Frequenzwechsel 61 – 64, 111 – 122

Ganzheitlichkeit 15 f., 26, 69 f.
Gewohnheiten 64 – 68, 74, 83 f., 88, 101 – 105
Glaubenssätze 23 – 26, 29, 66, 69, 79
Grenzen 33 – 35, 38

Halbherzigkeit 140

Inkrementelle Veränderung 22
Internale Repräsentationsmuster 23 f.
Intuition 67, 137

Jetzt-Zeit 96 – 99

Karussell-Effekt 15
Kernkompetenzen 15, 92 – 96
Killerphrasen 26
Kindrolle 33 f., 68
Konflikte 46, 77

149

Stichwortverzeichnis

Konzept der Transformationsspiralen 105 – 111
Körperliche Signale 40 – 47, 75, 84 f.
Kreativität 32 – 40, 67, 86, 88

Lebensinventur 47 – 53
Leistungsgesellschaft 31
Lernziele 102
Loslassen 133 – 135

Meilensteine 13
Mentale Verstrickungen 71 f.
Möglichkeitsspielraum 31 – 39
Motivation 18 f., 81 f., 107
Motive 82 f., 88

Negativenergie 43 – 45, 55 f.
Nichtstun 36

Orientierung 14, 18, 36, 108

Persönliche Nische 88
Perspektivenwechsel 35 f., 38 f.
Positivenergie 43 – 45, 55 f.
Positives Denken 27, 30
Potenziale 15, 32, 52, 56, 79, 88
Prägung 23 f., 33
Präsenz 96 – 99
Projektmanagement 13, 126-132

Rahmenbedingungen 86 f.
Rationalität 14

Selbstannahme 51 f.
Selbstbewusstsein 29
SMART 13
Stages-of-Change-Konzept 106
Stress 17, 28 f., 112 – 114, 123 – 125

TIPP 90 – 138
Transformation 22, 42 f., 80, 111 – 122
Triggermechanismen 102
Tunnelblick 36

Umfeld 17
Unterbewusstsein 68 – 73

Verantwortung 33, 80
Verhaltensmuster 32, 66 f., 72 f., 83 f., 101 – 105
Versuche 140
Vierfeldertafel 131 f.
Visualisierung 27, 85
Vorstellungskraft 34 f., 39, 85

Weichenstellung 103
Werte 48
Wille 19, 79, 81
Work-Life-Balance 36, 42, 56, 123 – 125, 133, 142 f.
Worst-Case-Szenario 26, 63

Ziele 13 f., 17 – 20, 67, 82, 85, 92 – 96, 104, 122 – 132, 139
Zielkriterien 18

Business-Bücher für Erfolg und Karriere

Walter Simon
GABALs großer Methodenkoffer
Grundlagen der Arbeitsorganisation

Walter Simon
GABALs großer Methodenkoffer
Managementtechniken

Walter Simon
GABALs großer Methodenkoffer
Führung und Zusammenarbeit

Walter Simon
GABALs großer Methodenkoffer
Persönlichkeitsentwicklung

GABALs großer Methodenkoffer Arbeitsorganisation
316 Seiten
ISBN 978-3-89749-454-1

GABALs großer Methodenkoffer Managementtechniken
336 Seiten
ISBN 978-3-89749-504-3

Methodenkoffer Führung und Zusammenarbeit
368 Seiten
ISBN 978-3-89749-587-6

Methodenkoffer Persönlichkeitsentwicklung
344 Seiten
ISBN 978-3-89749-672-9

Susanne Klein
Wenn die anderen das Problem sind
Konfliktmanagement
Konfliktcoaching
Konfliktmediation

Dagmar Kohlmann-Scheerer
Kontern – aber wie?
Gekonnt kontern – frech parieren

Marion Recknagel
Heike Rohmann-van Wüllen
Clever kommunizieren
Schwierige Gespräche souverän meistern

Annette Kessler
Small Talk von A bis Z
150 Fragen und Antworten
Mit Illustrationen von Timo Wuerz

Wenn die anderen das Problem sind
208 Seiten
ISBN 978-3-89749-586-9

Kontern – aber wie?
136 Seiten
ISBN 978-3-89749-182-3

Clever kommunizieren
176 Seiten
ISBN 978-3-89749-734-4

Small Talk von A bis Z
168 Seiten
ISBN 978-3-89749-673-6

Hartmut Laufer
Vertrauen und Führung
So bauen Sie vertrauensvolle Mitarbeiterbeziehungen auf

Anne Katrin Matyssek
Führungsfaktor Gesundheit
So bleiben Führungskräfte und Mitarbeiter gesund

Bernhard Haas
Bettina von Troschke
Beschwerdemanagement
Aus Beschwerden Verkaufserfolge machen

Tomas Bohinc
Projektmanagement
Soft Skills für Projektleiter

Vertrauen und Führung
192 Seiten
ISBN 978-3-89749-670-5

Führungsfaktor Gesundheit
160 Seiten
ISBN 978-3-89749-732-0

Beschwerdemanagement
184 Seiten
ISBN 978-3-89749-733-7

Projektmanagement
208 Seiten
ISBN 978-3-89749-629-3

Informationen über weitere Titel unseres Verlagsprogrammes
erhalten Sie in Ihrer Buchhandlung, unter **info@gabal-verlag.de**
oder **www.gabal-shop.de**.

Anzeige

GABAL: Ihr „Netzwerk Lernen" – ein Leben lang

Ihr Gabal-Verlag bietet Ihnen Medien für das persönliche Wachstum und Sicherung der Zukunftsfähigkeit von Personen und Organisationen. „GABAL" gibt es auch als Netzwerk für Austausch, Entwicklung und eigene Weiterbildung, unabhängig von den in Training und Beratung eingesetzten Methoden: GABAL, die **G**esellschaft zur Förderung **A**nwendungsorientierter **B**etriebswirtschaft und **A**ktiver **L**ehrmethoden in Hochschule und Praxis e.V. wurde 1976 von Praktikern aus Wirtschaft und Fachhochschule gegründet. Der Gabal-Verlag ist aus dem Verband heraus entstanden. Annähernd 1.000 Trainer und Berater sowie Verantwortliche aus der Personalentwicklung sind derzeit Mitglied.

Die Mitgliedschaft gibt es quasi ab 0 Euro!
Aktive Mitglieder holen sich den Jahresbeitrag über geldwerte Vorteil zu mehr als 100% zurück: Medien-Gutschein und Gratis-Abos, Vorteils-Eintritt bei Veranstaltungen und Fachmessen. **Hier treffen Sie Gleichgesinnte, wann, wo und wie Sie möchten:**

- Internet: Aktuelle Themen der Weiterbildung im Überblick, wichtige Termine immer greifbar, Thesen-Papiere und gesichertes Know-how in form von White-papers gratis abrufen
- Regionalgruppe: auch ganz in Ihrer Nähe finden Treffen und Veranstaltungen von GABAL statt – Menschen und Methoden in Aktion kennen lernen
- Jahres-Symposium: Schnuppern Sie die legendäre „GABAL-Atmosphäre" und diskutieren Sie auch mit „Größen" und „Trendsettern" der Branche.

Über Veröffentlichungen auf der Website (Links, White-papers) steigen Mitglieder „im Ansehen" der Internet-Suchmaschinen.
Neugierig geworden? Informieren Sie sich am besten gleich!

Lernen Sie das Netzwerk Lernen unverbindlich kennen.
Die aktuellen Termine und Themen finden Sie im Web unter **www.gabal.de**.
E-Mail: info@gabal.de.

Telefonisch erreichen Sie uns per 06132.509 50-90.

„Es ist viel passiert, seit Gründung von GABAL: Was 1976 als Paukenschlag begann, ... wirkt weit in die Bildungs-Branche hinein: Nachhaltig Wissen und Können für künftiges Wirken schaffen ..."

(Prof. Dr. Hardy Wagner, Gründer GABAL e.V.)